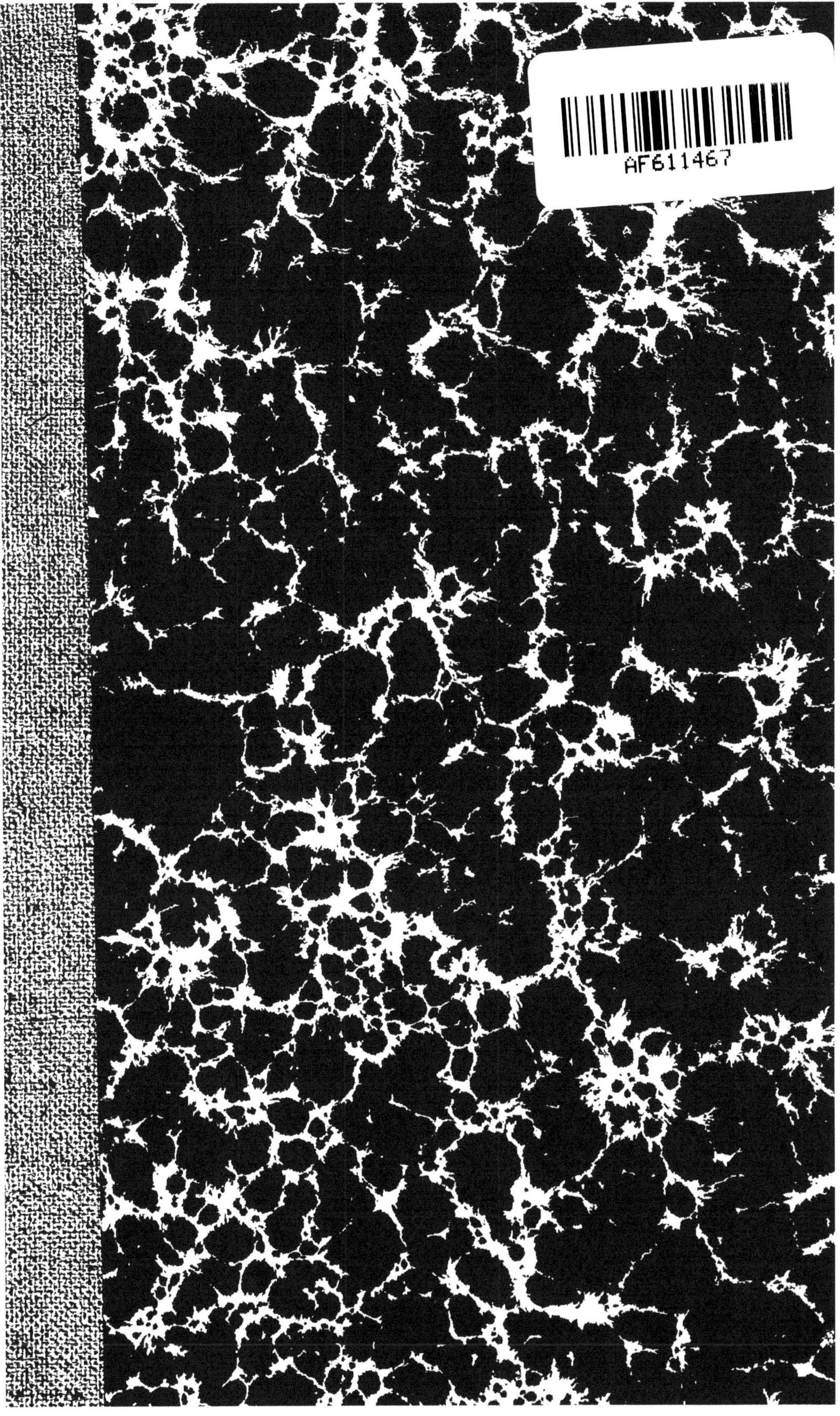

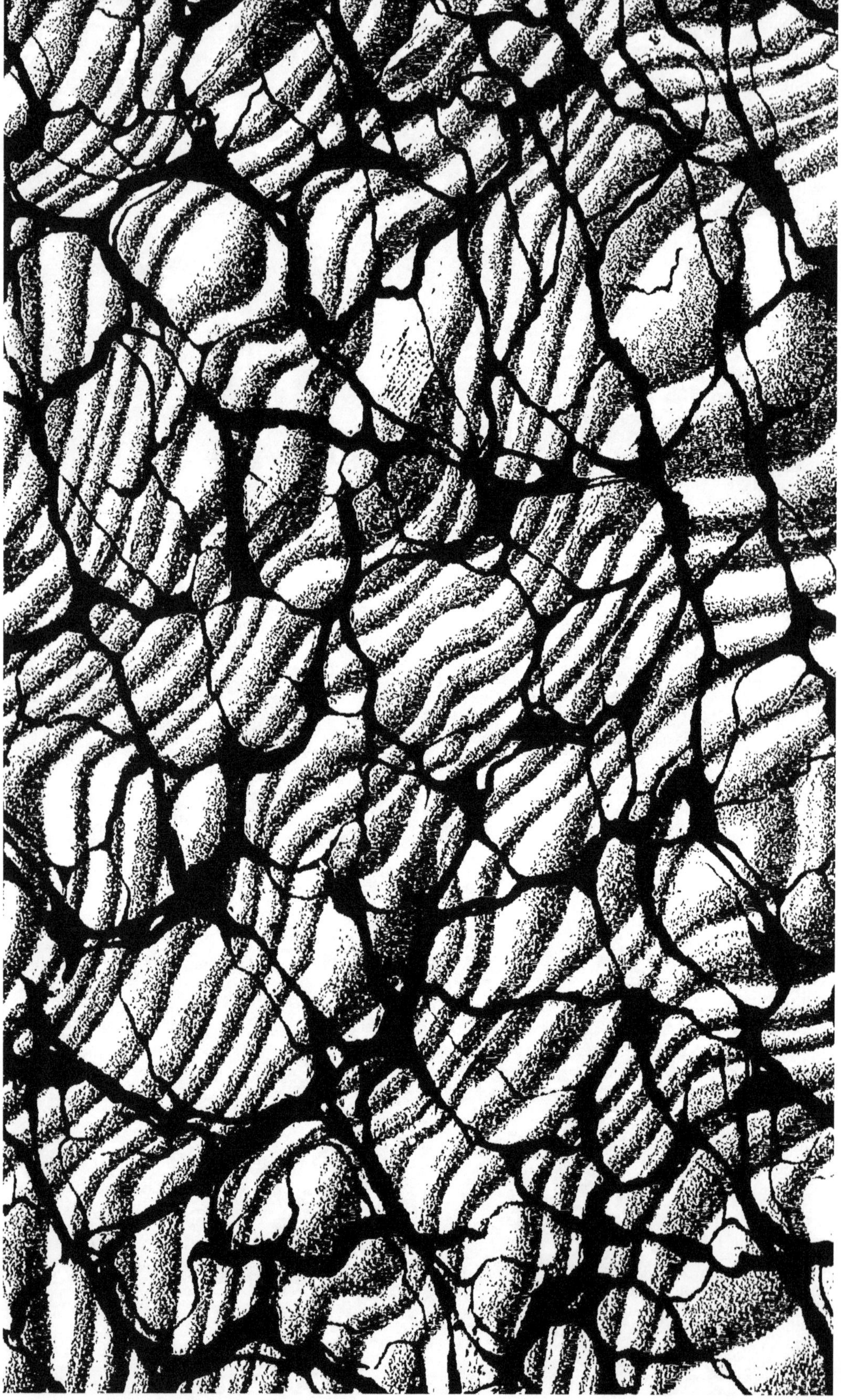

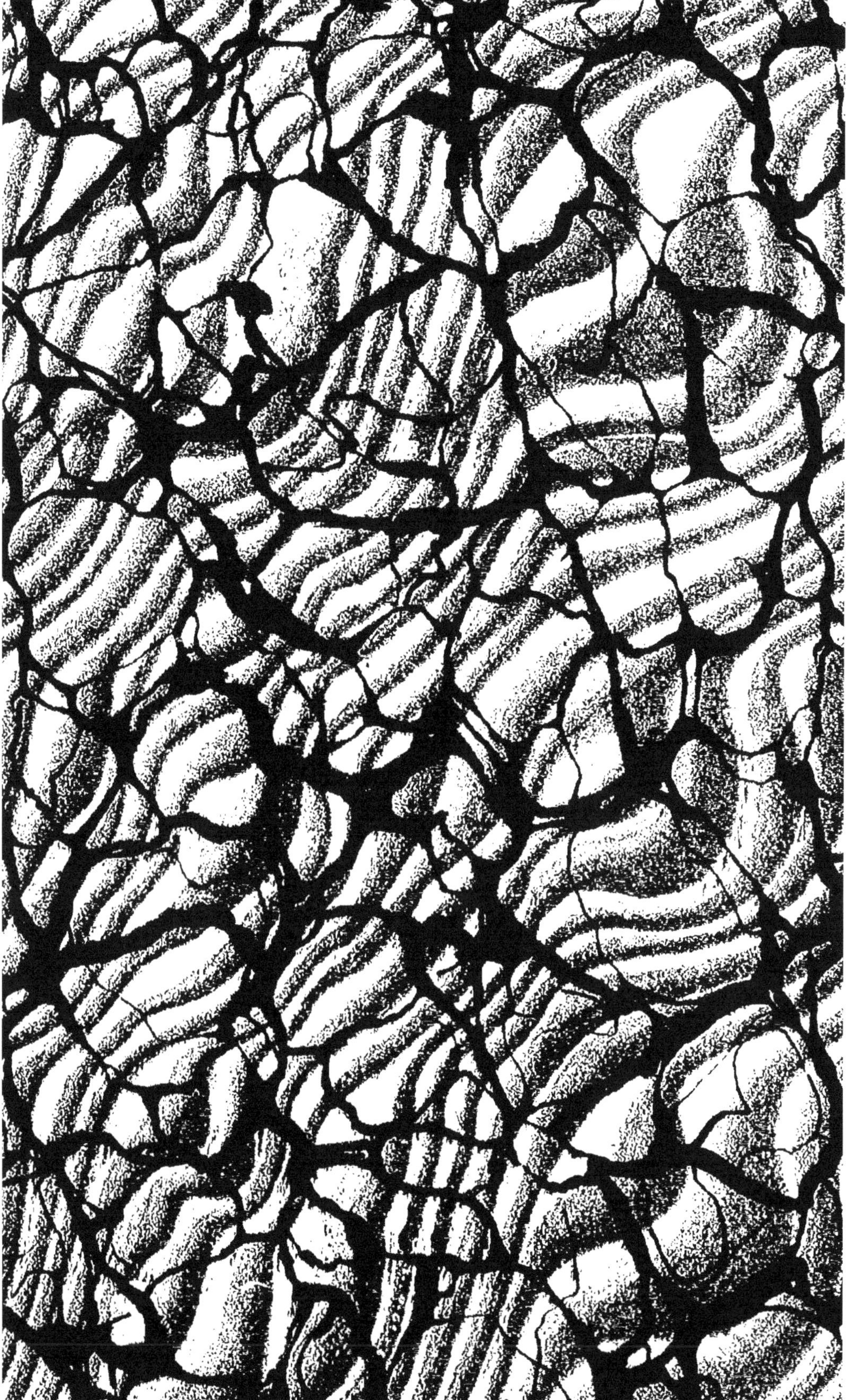

LA

TOPOGRAPHIE CRANIO-CÉRÉBRALE

APPLICATIONS CHIRURGICALES.

LA

TOPOGRAPHIE CRANIO-CÉRÉBRALE

APPLICATIONS CHIRURGICALES

PAR

RENÉ-LÉON LE FORT,

DOCTEUR EN MÉDECINE

Ancien Interne des Hôpitaux de Lille,
Médecin-stagiaire au Val-de-Grâce,
Lauréat de la Faculté de Médecine (Prix Parise).

PARIS,
F. ALCAN, LIBRAIRE-ÉDITEUR,
108, Boulevard St-Germain.

LILLE,
IMPRIMERIE L. DANEL,
Rue Nationale, 93.

1890.

LA

TOPOGRAPHIE CRANIO-CÉRÉBRALE

APPLICATIONS CHIRURGICALES.

INTRODUCTION (1).

La topographie cranio-cérébrale captive de plus en plus l'esprit du monde médical. Médecins et chirurgiens s'adonnent à l'envi à son étude en raison même de l'intérêt pratique qui s'attache à la question.

Celle-ci date du jour lointain déjà où le célèbre Gall édifiait son *système des bosses* du crâne, ou plutôt la topographie cranio-encéphalique est en germe dans la conception mystique et surannée du fameux médecin-philosophe allemand.

La doctrine de Gall est justement tombée dans le discrédit. Mais, comme sur ses ruines, semble s'être élevée la *doctrine des localisations cérébrales*, le jour où les physiologistes Fritsch et Hitzig eurent démontré que le cerveau du chien ou du singe portait dans son manteau cortical des cantons ou districts autonomes chargés de diriger les sujets du cantonnat tous reliés au centre par des fils transmetteurs. A la suite, les cliniciens entrèrent résolument dans la voie tracée en premier lieu par Fritsch et Hitzig et leurs émules, Ferrier, Carville et Duret, Munck, Luciani et Tamburini, etc. ; et avec l'Ecole de la Salpêtrière surtout la doctrine des localisations cérébrales, qui avait paru un moment fléchir sous les coups que

---

(1) Travail de l'Institut anatomique de la Faculté de Médecine de Lille.

lui portaient des adversaires ingénieux et tenaces, sortit définitivement victorieuse de la lutte. Des cendres de l'idée de GALL sortait comme un fantôme l'idée nouvelle.

En vain nombre de physiologistes, et en particulier l'illustre BROWN-SÉQUARD, et avec lui GOLTZ, SCHIFF, etc.; lui portaient des coups redoublés, leur fer s'émoussait à sa cuirasse, et elle restait debout.

Arrêtons-nous un instant sur la doctrine, car elle est le point central autour duquel nous allons graviter.

A la suite des expériences de FLOURENS, l'inexcitabilité de l'écorce grise du cerveau était en quelque sorte universellement admise comme un dogme. La découverte du centre de la mémoire des mots faite par P. BROCA, en 1861, avait bien porté un coup redoutable à la doctrine, mais elle n'était pas parvenue à renverser l'opinion courante de la diffusion des fonctions dans toute l'étendue de l'encéphale.

Même après que FRITSCH et HITZIG eurent démontré l'irritabilité du manteau gris du cerveau, après que FERRIER et ses émules eurent établi expérimentalement l'existence de centres ou cantons d'excitabilité spéciaux pour certains groupes de muscles, tous les doutes n'étaient pas levés, tant s'en faut.

La méthode anotomo-clinique, celle de CHARCOT, TURCK, WERNICKE, PITRES, les leva.

KÜSSMAUL, NORTHNAGEL, WERNICKE, CHARCOT, ont considérablement agrandi le champ exploré par BOUILLAUD déjà, mais surtout par BROCA avec tant de succès. A côté de l'aphasie motrice il existe d'autres *troubles de la perception, de l'expression et de l'usage des signes.* On peut perdre l'usage des signes écrits (*agraphie*) et des signes mimiques; on peut perdre l'audition des mots (*surdité verbale*), la vision des signes de l'écriture (*cécité verbale*) à l'exclusion d'autres facultés d'expression qui sont conservées. Or, à ces troubles fonctionnels spécialisés de l'expression et de la perception des signes, correspondent des lésions anatomiques localisées de l'écorce du cerveau.

Il y a donc dans le manteau gris des hémisphères cérébraux des districts distincts au double point de vue anatomique et physiologique ; formant une sorte de république confédérative, ces centres constituent l'appareil de la mémoire des mots, et tous fonctionnent normalement en parfaite union et pour le bien général de la communauté ou confédération. La distribution des vaisseaux du cerveau nous ferait comprendre comment ces centres peuvent être affectés, tantôt isolément, et donner lieu à un trouble de l'expression des signes, tantôt simultanément, et causer l'*aphasie motrice complexe.*

Qu'on ne s'y trompe pas, l'aphasique n'est pas un paralytique ; il peut mouvoir sa langue, ses lèvres, son gosier et son larynx, et ses muscles expressifs ou mimiques ne sont point paralysés. S'il est incapable d'émettre des sons articulés ce n'est pas là le fait d'une paralysie des muscles de la phonation, mais cela dépend, comme le dit le Prof. CHARCOT, de la perte de la mémoire des associations musculaires qui sont nécessaires à l'articulation des sons. De même l'agraphique n'est pas un paralytique ; les muscles de ses mains sont intacts ; s'il n'écrit pas, c'est qu'il a oublié les mouvements harmoniques nécessaires pour tracer les caractères graphiques. — Comme le disent fort bien PITRES et FRANÇOIS FRANCK, ce n'est pas sa main qui refuse d'écrire, c'est son cerveau qui est devenu incapable de le diriger. Il y a amnésie motrice partielle, mais non paralysie. — Du reste, s'il fallait faire une preuve plus complète, nous dirions qu'il est des destructions du pied de la 3e circonvolution frontale gauche sans paralysie, comme cela a été fort bien observé par RAMONAT et FRÈBAULT (*Soc. anat.* 30 avr. 1881).

Mais il n'y a pas que des centres d'expression dans les hémisphères du cerveau. A côté de ces centres, il en est d'autres qui sont des *centres de motricité* à action localisée. Les uns actionnent les muscles de la face, les autres les muscles des membres. Or, il est à remarquer que les lésions en rapport avec les troubles moteurs qui annihilent l'expression des signes, et celles qui amènent les troubles moteurs des membres et de la face (*hémiplégie*) sont principalement situées dans les circonvolutions qui avoisinent le sillon de ROLANDO (*circonvolutions rolandiques*). C'est pour cette raison qu'on a appelé cette région des hémisphères *zone psycho-motrice*. Mais comme les centres localisés dans cette zone semblent également présider à la sensibilité, ainsi qu'il appert des observations de TRIPIER, PÉTRINA, MUNK, SCHIFF, etc , on les a encore appelés *centres sensitivo-moteurs*.

FERRIER, MUNK, LUCIANI, TAMBURINI, HORSLEY, etc., dans leurs recherches sur le chien et le singe, ont considérablement étendu la zone des centres sensoriels et moteurs à la surface du cerveau, et l'anatomo-pathologie chez l'homme rétrécit également de jour en jour le champ de la zone dite latente de l'écorce. Mais de ce que l'on n'a pas encore pu découvrir de centres à fonctions bien déterminées et spécialisées dans cette zone, est-ce à dire qu'elle n'est point chargée d'une mission physiologique spéciale? Faut-il attribuer particulièrement au lobe frontal un rôle psychique et au lobe occipital des fonctions instinctives? Des faits d'ordre biologique empruntés à l'anatomie comparée et à l'Anthropologie semblent plaider en faveur de cette hypothèse sans qu'on puisse encore à l'heure qu'il est avoir une opinion bien arrêtée sur la matière. Ce qui paraît hors de toute contestation c'est que dans le cerveau l'innombrable colonie de cellules groupées en foyers hiérarchisés et communiquant tous les uns avec les autres comme l'appareil transmetteur est relié à l'appareil récepteur par le cable dans nos appareils téléphoniques, représente des organes de sensibilité et de mouvement, dont les éléments sont incessamment le siège de phénomènes réflexes plus ou moins compliqués; c'est-à-dire qu'au fond, le réseau des cellules des centres nerveux est un vaste atelier où se transforme l'*énergie*.

Les lésions destructives (ramollissements, foyers hémorrhagiques, etc.), des centres corticaux produisent la paralysie ; les lésions irritatives (périencéphalite diffuse, méningite, tumeurs, gommes syphilitiques, etc.), engendrent des troubles convulsifs localisés (*épilepsie jacksonnienne*) notés depuis longtemps déjà par Hughlings Jackson. Mais ces lésions déterminent en outre un affaiblissement des fonctions psychiques générales et les lésions irritatives peuvent conduire à des convulsions généralisées simulant l'épilepsie vraie, ce qui prouve que s'il y a dans l'écorce du cerveau des appareils jouissant d'une certaine autonomie, il n'en est pas moins vrai qu'il y a entre ces appareils une solidarité telle que la lésion d'un seul appareil de cette confédération ne peut être frappé sans qu'immédiatement l'ensemble reçoive le choc et tombe en souffrance. Cette solidarité est aussi capable, rappelons-le, de rendre compte des *suppléances fonctionnelles*, dont la suppléance de la 3e frontale *gauche* par la 3e frontale *droite* dans l'aphasie motrice est un des plus beaux exemples qu'on puisse citer. C'est en vain, semble-t-il en effet, que Carville et Duret sur le chien, Luciani et Tamburini sur le singe, ont prétendu que la suppléance d'un hémisphère par l'autre est inadmissible, sous le prétexte que si, après la destruction des centres psycho-moteurs du côté droit, l'animal étant d'abord paralysé, puis guéri, on enlevait les centres du côté gauche il n'y avait pas paralysie des deux côtés. L'exemple du cerveau de Bichat plaide assez contre une telle interprétation, puisque comme on le sait ce grand homme n'avait guère qu'un hémisphère avec lequel il avait pensé et parlé dans sa trop courte vie. Mais à défaut de cette preuve, qui paraîtrait peut-être insuffisante, — et bien que nous n'ignorions pas que la question des suppléances dans les hémisphères du cerveau est encore très controversée —, les récentes expériences de Galerani et Stefani, qui démontrent la suppléance des lobes optiques (chez les Oiseaux), semblent de nature à entraîner la conviction.

Les faits si curieux de *dynamogénie* et d'*inhibition* étudiés et rassemblés avec tant d'ingéniosité et de labeur par Brown-Sequard, s'ils ouvrent une nouvelle voie à la physiologie des centres nerveux, sont-ils de nature, comme on l'a prétendu, à être opposés à la doctrine des localisations cérébrales? — Nous ne le croyons pas. — Kosjewnikoff, Charcot, Marie, etc., n'ont-ils pas vu des scléroses systématiques, des cordons latéraux (sclérose latérale amyotrophique) s'accompagner de dégénération de la capsule interne, de la couronne rayonnante, et même de la région rolandique psycho-motrice des hémisphères cérébraux? Et d'autre part, ne sait-on pas qu'à la suite de lésions corticales du cerveau (régions rolandiques) il y a dégénérescence du faisceau pyramidal, et que l'ablation expérimentale ou la destruction pathologique des zones psycho-motrices donne lieu à la paralysie motrice des membres du côté opposé à la lésion? Les observations de Charcot, Pitres, Westphall, etc., sur l'homme malade ; les expériences de Ferrier, Gudden, Monakow, Munck, Luciani et Tamburini, etc., sur le chien ou le singe, et l'étude du développement des faisceaux de la moelle épinière et du cerveau faite par Flechsig, Pierret, Edinger, Kahler, etc., ne laissent aucun doute à cet égard.

L'expérimentation unie à l'observation clinique a démontré, quand on a eu soin de déterminer exactement la topographie des lésions du centre ovale, que les lésions destructives siégeant dans les faisceaux préfontaux, occipitaux ou temporaux ne déterminent par elles-mêmes aucun trouble persistant de la motilité volontaire. Au contraire, les altérations de la région fronto-pariétale du centre ovale, c'est-à-dire des faisceaux qui vont aux régions psycho-motrices de l'écorce, produisent constamment des paralysies persistantes du côté opposé du corps, plus ou moins limitées (monoplégies), ou étendues à toute la moitié du corps et de la face (hémiplégie), avec dégénération consécutive du faisceau pyramidal de la moelle épinière. Les ablations des yeux chez les jeunes animaux, d'autre part, et les atrophies des circonvolutions occipitales observées à la suite, ne sont-elles pas venues fournir une nouvelle preuve d'existence de centres visuels corticaux ?

L'existence de centres sensoriels et sensitivo-moteurs à fonctions distinctes et déterminées dans l'écorce du cerveau une fois mise hors de doute, il n'y avait qu'un pas pour atteindre l'ère nouvelle prédite par S. Pozzi dans sa remarquable étude du crâne, à savoir : *La trépanation guidée par les localisations du cerveau.*

Une fois cette notion acquise, devait, en effet, fatalement, logiquement, se présenter à l'esprit l'étude des rapports entre l'écorce et la boîte crânienne, pour arriver à ce résultat d'ouvrir le crâne en regard du centre lésé et le débarrasser de l'obstacle qui nuit ou entrave son fonctionnement. En d'autres termes, le problème de la topographie crânio-cérébrale naquit le jour où l'on remarqua qu'une fracture du crâne, qu'un abcès, qu'un épanchement sanguin développé, dans les méninges ou le cerveau déterminait une abolition des mouvements qui sont commandés par un département nettement déterminé de l'encéphale.

Gratiolet, le premier, entra dans la voie le jour où il classait les races humaines en *races frontales*, et *races pariéto-occipitales.* — Sans doute, la surface du cerveau ne se moule pas exactement sur l'endocrâne, ou plutôt il est certain que l'exocrâne ne traduit pas exactement le relief des lobes et circonvolutions du cerveau ; — sans doute, les bosses des phrénologistes ne correspondent qu'exceptionnellement à un développement corrélatif de la circonvolution sous-jacente quelque exubérante que celle-là soit, mais il n'en demeure pas moins vrai que dans l'ensemble la forme et les proportions du cerveau peuvent être appréciées par celles du crâne, et que l'on peut ainsi juger d'une façon assez sensiblement exacte des dimensions relatives des lobes du cerveau. — Ce qui revient à dire que les variations physiologiques des diamètres du crâne, quoique assez étendues, ne sont pas suffisamment exagérées pour fausser notablement les points de repère que l'on établit en topographie cranio-cérébrale, les proportions d'une même ligne dans un même crâne pouvant être considérées, au fond, comme sensiblement égales.

Gratiolet, le premier, en 1857, rechercha les rapports de la suture coronale avec le sillon de Rolando, et d'autre part, ceux de la scissure pariéto-occipitale avec la suture lambdoïde. La défectuosité de son procédé le conduisit à une double erreur.

En 1861, P. Broca reprit cette question, et à l'aide du *procédé des fiches* qu'il inventa à cet effet, il fit voir à Gratiolet lui-même dans quelle erreur il était tombé en admettant que la scissure perpendiculaire externe est de beaucoup postérieure à la suture lambdoïde, et que la scissure rolandique est sensiblement sous-jacente à la suture coronale.

Bischoff, en 1868, dans un travail considérable sur les circonvolutions cérébrales de l'homme, donna à son tour quelques indications sur la topographie cranio-cérébrale. Le procédé qu'il employa est précisément le même qu'avait employé P. Broca, mais Bischoff paraît avoir ignoré le procédé de l'anatomiste français. Il faut attendre 1873 pour rencontrer un mémoire complet sur la question. Ce mémoire sorti du laboratoire du Pr Landzert, est du slave Heftler.

Ce travail n'avait pas encore franchi la frontière russe, qu'à son tour le Pr Turner (1873-74) publiait un mémoire sur le même sujet. De même que Bischoff avait rencontré Broca sans le savoir, Turner rencontrait également Landzert et Heftler, car son procédé comme celui des anatomistes russes est un procédé graphique. Les résultats de Turner, basés sur un petit nombre d'observations, ne paraissent d'ailleurs pas très exacts, nous le verrons plus loin.

En 1875-76, Ch Féré, reprit la question à l'instigation de

P. Broca qui, lui-même encore une fois, revenait sur la matière en 1876.

Depuis Ecker (1876), De la Foulhouze (1876), Lucas-Championnière (1878), puis plus récemment Reid, Horsley, Thane, W. Hare, S. Müller, L. Dana, W. Anderson et G. H. Makins, P Poirier, sont entrés dans la lice et la topographie cranio-encéphalique leur est redevable d'importantes acquisitions. La Thése de L. A. Müller surtout, faite sous l'inspiration du Pr Burckhardt (1889), et le remarquable travail que le Pr P. Poirier a présenté dernièrement au Congrès de Berlin (1890) nous arrêteront plus loin.

A notre tour nous avons fouillé la question sous la direction du Pr Debierre.

A l'aide du procédé que nous décrirons sous le nom de *procédé de l'autogravure* du cerveau, nous avons obligé le cerveau à inscrire lui-même ses sillons et ses saillies à la surface de l'endocrâne. Cette empreinte était ensuite reportée sur l'exocrâne à l'aide de nombreux trous percés à la drille et dessinée à l'encre. Les trous servaient alors à passer des fiches que nous enfoncions dans le cerveau et ainsi le *procédé des fiches* de P. Broca nous servait de *procédé de contrôle*.

A l'aide de notre méthode, on le verra, nous sommes parvenus à dessiner à la surface extérieure du crâne avec une exactitude parfaite, les principales scissures qui limitent les circonvolutions majeures du cerveau. — Ce dessin une fois acquis, nous n'avions plus qu'à rechercher si à l'aide de lignes géométriques et de lignes proportionnelles, il ne serait pas possible d'établir et de tracer à la surface de la tête des points de repère qui permissent à l'opérateur d'aborder d'une façon rapide et précise, la surface de telle circonvolution qu'il voudrait par une fenêtre faite au crâne et taillée au trépan. Cette méthode qui, au prime abord, paraît aussi simple que facile, est entourée de grandes difficultés et longtemps nous avons cherché le *procédé pratique* tant désiré. Le problème en effet, est celui-ci : étant donnés des symptômes d'excitation ou de paralysie dans une région du corps, découvrir avec sûreté le centre cortical psycho-moteur du cerveau que l'on considère comme frappé d'une lésion qui engendre les symptômes déjà cités. Certes, nous ne voyons pas à travers la paroi du crâne le sillon de Rolando, nous ne voyons pas le pli courbe, mais nous sommes arrivés à connaître leur siège et à pouvoir affirmer qu'ils se trouvent au-dessous d'un point que nous avons su *déterminer*.

Maintenant, si quelque chirurgien plus curieux que les autres nous disait : tout cela est fort bien, votre méthode est excellente, mais ce qui vaudrait peut-être mieux encore, c'est que vous nous disiez *quand on doit trépaner*, *et si l'on doit appliquer la trépanation* ; en d'autres termes si un chirurgien s'avisait de nous objecter qu'il aurait été urgent que nous établissions les *indications* et *contre-indications du trépan*, à celui-là nous répondrions que cette question ne fait pas partie du programme que nous nous sommes tracé, et qu'elle ne rentre pas dans le cadre de notre sujet ; que les indications de la trépanation varient presque autant que les cas et les sujets eux-mêmes, et que nous nous en remettons complètement dans ces circonstances à son flair et à son tact. Nous ajouterions cependant encore qu'étant données les conditions actuelles de la chirurgie, dès lors que l'on a soin d'opérer antiseptiquement, ou que l'on peut opérer aseptiquement, ce qui vaut encore mieux, l'opération du trépan ne fait courir *directement* aucun risque au malade ou au blessé, ce qui doit encourager le chirurgien à devenir téméraire, — le mot nous échappe, qu'on nous le pardonne, — et à ne pas craindre un échec dans les résultats qu'il attend de l'opération en ce qui concerne la cessation des phénomènes morbides contre lesquels il dirige la trépanation.

Ceci dit, voici le plan que nous suivrons dans l'exposé de notre travail.

Nous donnerons d'abord l'exposé des procédés employés pour les déterminations de topographie crânio-cérébrale ; puis pour chaque sillon et circonvolution un historique aussi complet que possible.

Nous exposerons ensuite le résultat de nos expériences.

Nous terminerons par quelques considérations sur les procédés à employer pour découvrir facilement et exactement les centres moteurs.

Cette disposition des matières nous a paru la plus logique et la plus rationnelle.

Tel qu'il est, notre travail est-il parfait ? Loin de nous la prétention de l'affirmer. Mais ce que nous avons le devoir de dire, c'est qu'il fait l'historique complet de la question ; c'est qu'il simplifie et précise les procédés et qu'il met entre les mains du chirurgien qui se décidera à appliquer une couronne de trépan sur le crâne, une méthode aussi simple et aussi rapide que sûre pour découvrir les centres corticaux des hémisphères du cerveau. En cela, nous croyons avoir accompli un réel progrès sur nos devanciers, — et ce qui est plus digne d'attention et de remarque, — un progrès en thérapeutique chirurgicale. Enfin, à l'exemple de MONTAIGNE, nous aussi nous pourrions écrire en frontispice de ce travail : « C'est icy un livre de bonne foy ». (1).

Œuvre laborieuse, résultat de longues et patientes recherches, nous présentons notre mémoire avec confiance à la haute appréciation de la Faculté.

---

(1) Toutes les pièces (crânes et cerveaux) qui ont servi à exécuter ce travail sont conservées à l'Institut anatomique de la Faculté.

CHAPITRE PREMIER.

PROCÉDÉS DE TOPOGRAPHIE CRANIO-ENCÉPHALIQUE.

De nombreux procédés ont été employés pour les déterminations de topographie cranio-cérébrale. Nous allons les passer rapidement en revue.

Procédé de Gratiolet : Moules intracraniens.

Gratiolet n'a pas publié le procédé qu'il avait employé mais l'a communiqué en 1862 à Broca qui l'a fait connaître.

Gratiolet coulait du plâtre dans la cavité crânienne, puis traçait sur le moulage ainsi obtenu les sutures et les scissures, en prenant des mesures sur le cerveau exposé devant lui.

On a reproché à ce procédé l'absence de points de repère communs au crâne et au cerveau, et la déformation de ce dernier, sorti de la boîte crânienne.

Procédé de P. Broca : Fiches.

Avant de se servir des fiches, Broca pratiquait des coupes sur des têtes fraîches, pour ses déterminations de topographie cranio-cérébrale. Ce procédé ne permettait qu'une seule expérience sur chaque individu.

En 1861, Broca inventa le procédé « Des fiches ». — Ce procédé consiste à enfoncer à travers le crâne préalablement dénudé des chevilles de bois dans le cerveau, par de petites perforations faites à la drille ou au poinçon. Les fiches sont de 2 à 3 centim. pour la surface, et de 3 à 5 et plus pour la profondeur.

Les fiches enfoncées, on procède à la coupe du crâne suivant le plan glabello-iniaque. Puis on extrait le cerveau dans la calotte, on pose le cerveau sur sa base et on enlève les méninges. On mesure les distances qui séparent les fiches des sillons, directement sur le cerveau, en tenant compte des déformations subies, et on les rapporte au crâne, ou on les mesure sur le crâne, « après avoir tracé sur lui la topographie cranio-cérébrale à la place respective qu'elle doit occuper relativement aux perforations ». (De la Foulhouze).

Toutes les mensurations sont prises dans le sens antéro-postérieur et transversal, jamais d'obliques.

Broca s'est servi de neuf fiches, dont six pour les scissures, et trois supplémentaires pour les sillons. Il enfonce trois fiches dans la suture coronale pour les mesures « rolando-coronales » (fiches bregmatique, stéphanique, ptérique); deux fiches dans la suture lamdoïde pour les mesures « occipito-lambdoïdiennes » (fiches lambdoïde interne et lambdoïde moyenne) ; une fiche au point culminant de la suture écailleuse (fiche temporale) pour la mesure « sylvio-temporale ». La fiche ptérique sert en outre pour la détermination de la scissure de Sylvius.

Les trois fiches supplémentaires pour les sillons sont les fiches frontale et pariétale, enfoncées au sommet des bosses de même nom, et une fiche obélique. D'après Broca lui-même, les fiches frontale et pariétale sont difficiles à placer, et il faut le plus souvent, pour trouver la bosse pariétale, faire tomber sur la suture sagittale une perpendiculaire arrivant au point le plus élevé de l'obélion.

Broca a indiqué les avantages de son procédé, facile, rapide ne détériorant pas le crâne. Il permet d'obtenir des dessins plans ou des dessins sur le relief du crâne, ce que ne peuvent donner les procédés graphiques. Toutefois, il reconnaît l'avantage des méthodes graphiques, quand on ne craint pas une grande dépense de temps, et quand on désire avoir l'ensemble des rapports topographiques cranio-cérébraux chez un ou plusieurs sujets.

DE LA FOULHOUZE (1876) a employé le procédé de BROCA. POIRIER s'en est également servi dans la plupart des cas. Il injecte artères et veines. Ses expériences ont porté sur 50 adultes des deux sexes et 20 enfants.

Procédé de Bischoff (1868).

C'est le procédé de BROCA qui a changé de nom en Allemagne, mais qui ne diffère de celui de BROCA que parce que BISCHOFF a employé des chevilles de fer au lieu de chevilles de bois.

Procédé de Heftler (1873) : NORMAS CRANIENNES.

Ce procédé a été inspiré à HEFTLER par le professeur LANDZERT. C'est un procédé graphique, qui s'exécute de la façon suivante : on détache du tronc la tête avec le cou, on rase les cheveux, et on injecte dans les carotides une solution alcoolique de chlorure de zinc additionnée de glycérine et d'acide phénique. On place la tête dans une caisse cubique et on y coule du plâtre.

On enlève ensuite une paroi de la caisse et la couche de plâtre correspondants de façon à découvrir un des côtés de la tête, et, au moyen du diopter de LUCŒ (instrument qui donne des projections géométrales, et évite les erreurs de perspective), on fait au crayon noir un premier dessin des contours de la tête. On enlève ensuite toutes les parties molles, et on fait au crayon rouge un second dessin que l'on superpose au précédent.

Enfin, on enlève à la scie la portion de crâne mise à nu, on détache les méninges, et on dessine circonvolutions et scissures au crayon violet, à l'aide du même moyen et sur le même dessin.

HEFTLER a ainsi expérimenté sur 10 têtes pour chacune des 4 normas crâniennes : 10 têtes de profil,
10 en position verticale,
10 — antérieure,
10 — postérieure,
en tout 28 hommes et 12 femmes.

HEFTLER reproche à son procédé deux causes d'erreur :

1° La rétraction du cerveau produite rapidement par la chlorure de zinc ;

2° L'ébranlement causé par la scie.

FIG. 1 Construite par le Pr DEBIERRE d'après les indications de Heftler. — Norma lateralis.

G, glabelle. — B, bregma. — *La*, Lambda. — I, Inion — C, suture coronale. — L, suture lambdoïde. — EE, suture pariéto-temporale. — P, ptérion. — *c*, stéphanion. — A, astérion. — S S, scissure de Sylvius. — R R, scissure de Rolando. — I I, sillon interpariétal. — P, scissure perpendiculaire externe. — *t t*, ligne courbe temporale. — F^1, F^2, F^3, 1re, 2e, 3e, circonvolutions frontales.— *Fa*, circ. frontale ascendante. — T^1, T^2, T^3, 1re, 2e, 3e circ. temporales. — *Pc*, lobule du pli courbe — *Pi*, circ. pariétale inférieure. — *Ps*, circ. pariét. supérieure. — *Lpc*, pli courbe. — O^1, O^2, O^3, 1re, 2e, 3e, circ. occipitales. — *Sl*, sinus latéral. — *Ce*, cervelet.

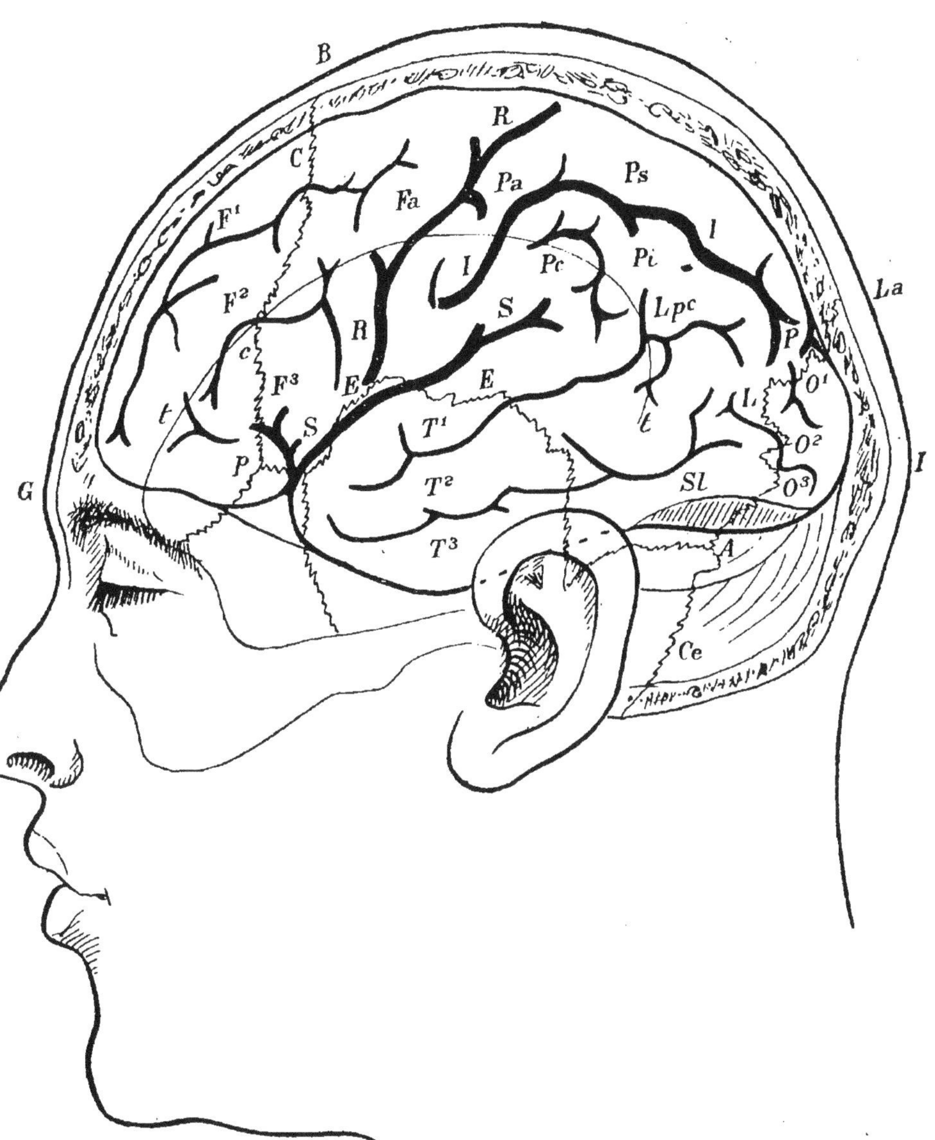

Fig. 1. — Rapports du crâne et du cerveau d'après Heftler.

Procédé de Turner (1873) : AIRES CRANIENNES.

Ce procédé est également un procédé graphique, mais il est tout différent du dernier.

TURNER commence par diviser chaque moitié du crâne en 10 aires limitées par des lignes fixes. Il découpe le crâne à la scie en suivant ces lignes et examine les circonvolutions sous-jacentes à chacune de ces aires.

Voici ces 10 aires crâniennes. Tout ce qui est en avant de la suture coronale est la région præcoronale ou frontale. La suture lambdoïde limite en avant la région post-lambdoïdienne ou occipitale (limitée en bas par l'inion et la ligne courbe supérieure de l'occipital). La région pariétale est divisée en deux par une ligne verticale, menée de la suture squameuse directement en haut à la suture sagittale à travers la bosse pariétale : on obtient ainsi une région antérieure post-coronale ou antéro-pariétale, et une postérieure prælambdoïdienne ou postéro-pariétale.

La ligne courbe temporale divise les régions frontale et pariétale chacune en deux parties, l'une inférieure, l'autre supérieure.

Sous la suture sphéno-pariétale, se trouve la région sphénoïdale, et sous la suture squameuse, la région temporale.

Enfin, la région frontale supérieure est divisée en deux par une ligne antéro-postérieure parallèle à la suture métopique, partant du bord supérieur de l'orbite, et allant rejoindre la suture coronale à travers la bosse frontale.

Nous avons ainsi les 10 aires crâniennes :

1° Frontale ou præcoronale supérieure ;
2° — — moyenne ;
3° — — inférieure ;
4° Antéro-pariétale ou post-coronale supérieure ;
5° — — inférieure ;

6° Postéro-pariétale ou prælambdoïdienne supérieure ;
7° — — inférieure ;
8° Post-lambdoïdienne ou occipitale ;
9° Sphénoïdale ;
10° Squamoso-temporale.

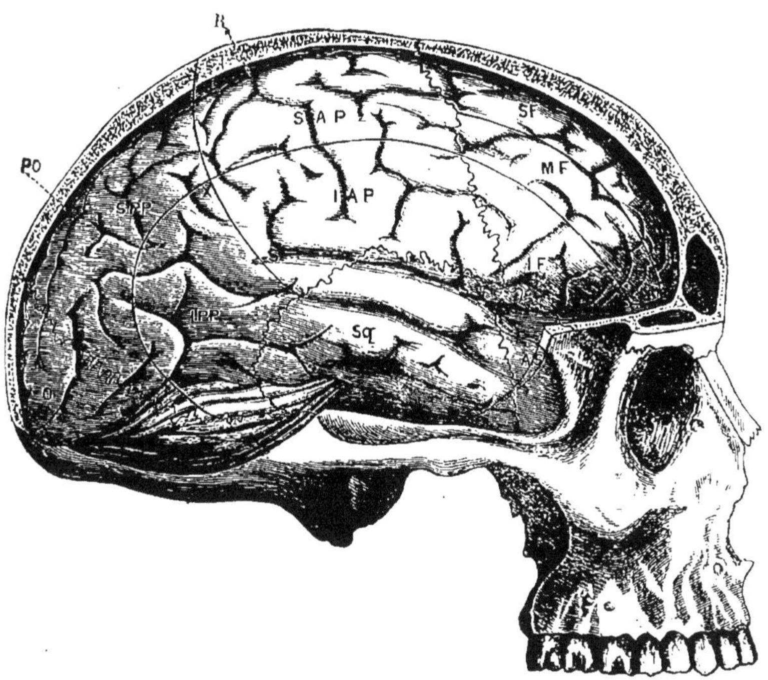

Fig. 2. — Rapports des circonvolutions et du crâne d'après Turner.

R, scissure de Rolando.—PO, scissure perpendiculaire externe.—S S, scissure de Sylvius. — X, centre de la bosse pariétale. — SF, aire frontale supérieure. — M F, aire frontale moyenne. — I F, aire frontale inférieure. — S A P, I A P, aires antéro-pariétales supérieure et inférieure. — O, aire occipitale — Sq, aire squamoso-temporale. — A S, aire ali-sphénoïdale.

On a reproché à ce procédé de devenir inexact à la fin de l'opération, à cause de l'aplatissement du cerveau. En outre,

Broca (1876) fait remarquer que Turner ne figure que la norma latérale ou de profil, et que le nombre de ses observations est probablement très restreint.

J'ajouterai que la section du crâne par petits morceaux et en suivant rigoureusement des lignes courbes me semble d'une difficulté d'exécution peu engageante.

Procédé de Féré (1875). Coupes et congélation.

Pour les parties superficielles du cerveau, Féré s'est servi du procédé de Broca, mais il s'est attaché à maintenir la tête dans la position verticale pour pratiquer ses expériences (1). Il a appliqué le procédé chez 54 vieilles femmes (1875) et 8 vieillards (1876).

Pour les parties profondes, corps strié et couche optique, Féré a pratiqué des coupes horizontales et verticales sur des cerveaux congelés. — Poirier a eu recours 3 fois à la congélation, et Symington (Edimbourg, 1887) l'a également employée 4 fois.

Procédé d'Ecker (1876).

Voici le procédé d'Ecker d'après la traduction de Broca dans la Revue d'anthropologie : « J'ai scié une tête fraîche sur la ligne médiane, après avoir indiqué la position des sutures à l'aide des fiches introduites suivant le procédé de Bischoff-Broca ; alors, j'ai extrait les deux moitiés du cerveau ; je dessine au moyen du diopter (de Lucœ) les principaux sillons et circonvolutions avec les fiches, et faisant reposer les deux

(1) Il pratique comme Broca les perforations à 15 millim. de la ligne médiane pour éviter le sinus longitudinal.

Pour faire apparaître les sutures chez les vieillards, il les enduit d'encre qui pénètre dans les interstices et les fait ressortir (Féré, 1876).

hémisphères horizontalement sur leur plan de section, je les conserve dans une solution de chlorure de zinc, et, plus tard, dans l'alcool. Prenant alors les deux moitiés du crâne, j'enlève la dure-mère, je dessine sur leur face interne, avec de la laque blanche, le trajet des sutures, et j'y coule du plâtre (probablement du plâtre coloré) (1). Sur le moule intracrânien ainsi obtenu, les sutures se dessinent en blanc, et lorsqu'on compare le moule avec le cerveau, les rapports de celui-ci avec la surface de celui-là se laissent apprécier avec toute l'exactitude désirable. »

Ecker a fait, par ce procédé, des recherches sur un crâne d'un jeune allemand, afin de connaître les rapports cranio-cérébraux normaux et pour pouvoir ensuite les comparer à ceux de 6 crânes déformés (flatheads, têtes plates) de l'Orégon et 1 crâne de l'Alaska.

Son procédé est en somme un arrangement mitigé des procédés de Gratiolet et de Broca.

Procédé de W. Anderson et Makins (1889).

Ce procédé est à peu de chose près, comme nous le verrons, celui que nous avons employé.

Il se compose de trois séries d'opérations. Anderson et Makins ont fait leurs expériences sur 56 sujets ; 6 pour la première série d'opérations, 20 pour la seconde et 30 pour la troisième.

1° Ils enlèvent la moitié de la voûte du crâne de façon à découvrir un hémisphère et ses méninges. Ils incisent la dure-mère pour permettre de reconnaître les scissures de Rolando, de Sylvius et perpendiculaire externe. Ensuite, la dure-mère

(1) Nous avons trouvé dans le texte le mot « Leimausguss » dont le sens littéral est « moule en colle forte ».

est recousue, et ils tracent en couleur à sa surface les contours des sillons. La calotte crânienne est remise en place, et la tête est retournée de façon à faire imprimer sur l'intérieur du crâne les sillons tracés à la couleur. La calotte crânienne est enlevée de nouveau. On perfore le crâne sur le trajet des sillons, afin de permettre de tracer à sa surface un plan du cerveau suffisamment exact pour servir de base aux expériences suivantes.

2° Les recherches précédentes ont permis de trouver à la surface de crâne des points de repère pour la détermination des sillons et circonvolutions. Pour vérifier l'exactitude des premiers résultats, on enfonce des fiches par des perforations faites au niveau des points cherchés du cerveau.

L'ablation de la calotte laisse voir quelles ont été les erreurs.

Anderson et Makins représentent sur un seul schéma du crâne les points qui ont correspondu aux différents endroits cherchés des sillons. Ils obtiennent ainsi une figure pointillée indiquant toutes les variations de situation des sillons qu'ils ont observées. Ils construisent trois lignes qui servent à toutes leurs déterminations topographiques (Voyez fig. 7 et 8).

3° Ils ont en outre fait une longue série d'expériences pour vérifier les rapports du cerveau avec les sutures et bosses du crâne.

Le procédé d'Anderson et Makins nous paraît très satisfaisant, mais divisé comme il l'est en trois parties, il demande pour être appliqué un grand nombre de cadavres.

Procédé de Müller (1889).

Ce procédé, tout différent des autres, et employé dans un but différent, a été indiqué à Müller par le professeur Burckhardt. Il permet de découvrir tous les points du cerveau sans s'inquiéter des sutures. La méthode est simple, en voici l'exposé :

Müller commence par déterminer le contour horizontal du crâne en suivant la ligne naso-iniaque qui se trouve dans le plan de Rieger. Ce plan correspond à peu près à la base du cerveau. Le point antérieur, point frontal, se trouve sur la ligne médiane, à la hauteur des bords inférieurs des milieux des sourcils et correspond à la suture naso-coronale. Le point postérieur est l'inion ou protubérance occipitale externe. Pour construire la première ligne, qu'il appelle l'arc horizontal, Müller réunit ces deux points en passant au-dessus du pavillon de l'oreille. Il construit une seconde ligne antéro-postérieure réunissant les mêmes points et passant sur la ligne médiane ; c'est l'arc sagittal. Les longueurs de ces deux arcs sont mesurées en centimètres, puis divisées en centièmes parties, et toutes les mesures à prendre sur ces arcs seront désormais comptées en centièmes d'arc.

Ceci fait, et après avoir pris les mesures : indice céphalique, distance bi-auriculaire, Müller enlève les téguments et reprend les mêmes mesures sur le crâne en se guidant sur des marques soigneusement faites après les premières mesures aux points de départ de ces mesures. On remplace ensuite les téguments par une épaisseur égale d'étoffe. On fixe le mètre qui sert à mesurer les arcs, et, on construit 7 lignes de jonction allant d'un arc à l'autre, et placés à une distance de 10/100 d'arc les unes des autres. Ces lignes de jonction sont divisées en centièmes parties, et on note des « centres de trépanations » à 20, 30, 40, 50 etc., centièmes selon les lignes, en comptant toujours à partir de l'arc horizontal. On obtient ainsi 38 centres ainsi numérotés :

SÉRIES.	Sur les perforations faites sur la ligne de jonction qui réunit les....... °/₀ des deux arcs.	A.... °/₀ sur la ligne de jonction.	Se trouvent les centres	
			A gauche.	A droite.
I	20	50	1	2
II	30	30	3	4
		60	5	6
III	40	25	7	8
		50	9	10
		75	11	12
IV	50	20	13	14
		40	15	16
		60	17	18
		80	19	20
V	60	20	21	22
		40	23	24
		60	25	26
		80	27	28
VI	70	25	29	30
		50	31	32
		75	33	34
VII	80	30	35	36
		60	37	38

Puis Müller pratique en ces points déterminés des couronnes de trépan d'un diamètre de deux centimètres ; il déchire la dure-mère aux endroits trépanés et colore au bleu de méthyle les parties du cerveau qui apparaissent par la perforation.

Sa méthode lui a permis d'étudier à quels points du cerveau correspondent ces 38 trous, et, en outre, de rechercher des lignes spéciales correspondant à des points plus particulièrement intéressants. — Il a appliqué son procédé sur 14 crânes, mais dans les 4 premiers, les trous ont été faits d'une façon différente et les résultats ne peuvent être comparés. Dans 2 autres crânes, les lignes de jonction ont été placées un peu en avant, de façon à éviter les sutures, mais de permettre néanmoins de comparer les résultats. Total 483 trous. (V. fig. 3 et 4).

Les 10 individus étaient 6 hommes et 4 femmes de 17 à 71 ans. Il a obtenu des résultats un peu variables à cause :

1° Des variétés individuelles ;

2° De la déformation du cerveau dans le décubitus dorsal, déformation qu'il a étudiée spécialement ;

3° De la situation variable de l'inion.

Procédé de Zernov (1890).

Plus récemment encore ZERNOV a employé un procédé qui nous paraît se rapprocher beaucoup de celui de MÜLLER. Il donne les contours de n'importe quelle partie du cerveau rapportés sur un réseau analogue à celui des cartes géographiques. On détermine ainsi chaque point de l'encéphale à l'aide de degrés de longitude et de latitude ZERNOV a construit un encéphalomètre à cet usage et établi des tables permettant de déterminer la partie du crâne correspondant à tel ou tel point du cerveau.

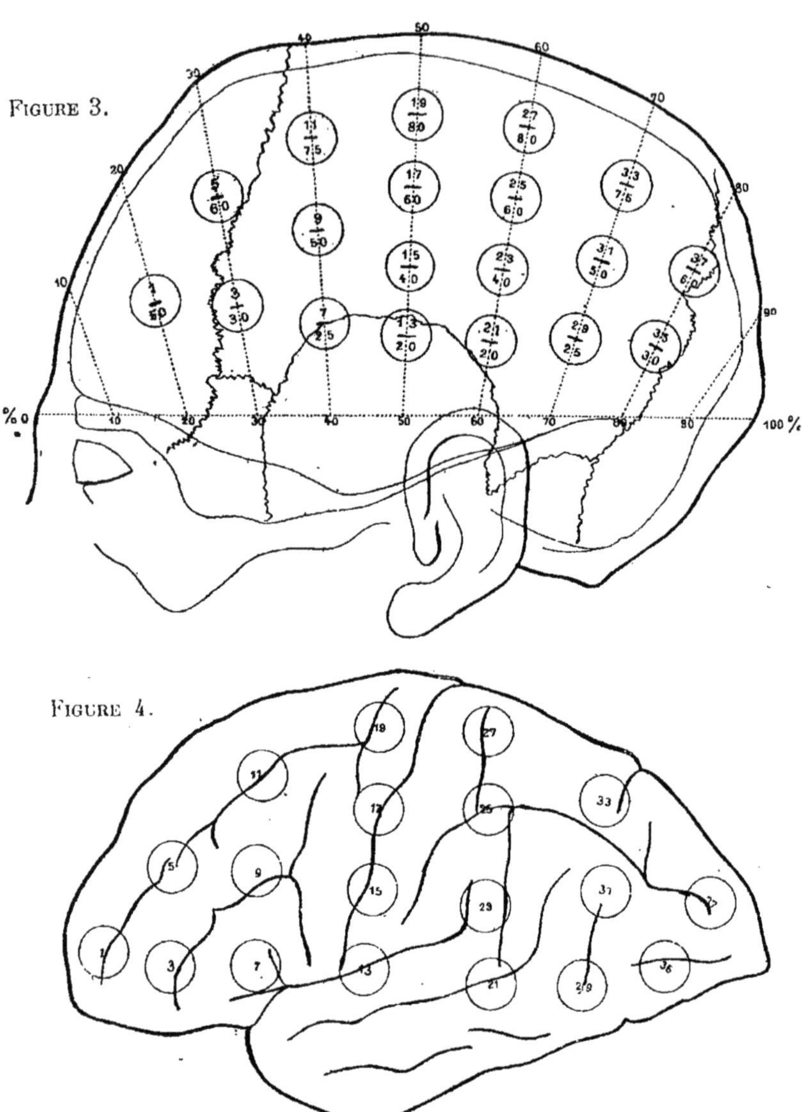

FIG. 3 et 4. — Procédé géométrique de topographie cranio-cérébrale de MÜLLER.

Position des centres de trépanation de Müller sur la surface du crâne (fig. 3) et du cerveau (fig. 4). Les centres de trépanation sont numérotés ; en outre, les chiffres au-dessous du trait dans les cercles de la figure 3 indiquent à quelle hauteur en centièmes de la ligne de jonction se trouvent ces centres. Les deux arcs horizontal et sagittal sont divisés en dixièmes aux points marqués 10, 20, 30, etc., et les divisions correspondantes des deux arcs sont reliées par les lignes de jonction sur lesquelles se trouvent les centres.

Procédé de Féré pour les enfants.

Féré, en 1877, pour l'étude du développement du cerveau considéré dans ses rapports avec le crâne, a employé un procédé spécial :

Chez les enfants, après avoir dénudé le crâne, il enfonce dans les fontanelles des chevilles destinées à maintenir les rapports du cerveau et du crâne, puis il incise la membrane interpariétale, le long de la ligne sagittale en dehors de la faux du cerveau et sépare le pariétal du frontal jusqu'au ptérion et de l'occipital jusqu'à l'astérion. La dure-mère est incisée sur les mêmes lignes. L'écartement des pariétaux que l'on peut ainsi obtenir suffit pour voir le sillon de Rolando et la scissure perpendiculaire externe. Pour étudier leurs rapports, il suffit de mesurer les distances qui séparent le sillon de Rolando du bord de l'os frontal, et la scissure perpendiculaire externe du bord de l'occipital. Pour la scissure de Sylvius, il faut détacher complètement le pariétal du temporal, ce qui, d'après Féré lui-même, est très peu satisfaisant, parce qu'alors « rien n'empêche plus l'affaissement » du cerveau.

Procédé de Dana (1889).

Dana s'est également servi d'un procédé spécial pour les enfants (5 observations).

Il commence par dessiner la position théorique des scissures sur le cuir chevelu. Il fait un trou directement dans le cerveau aux différents points dont il faut établir les rapports, et injecte un liquide de teinture. La moitié de la calotte crânienne est alors enlevée, les points d'injection étudiés en rapport avec les circonvolutions, et l'on mesure les distances des points obtenus aux points théoriques.

Nous pouvons encore décrire rapidement ici deux procédés spéciaux, l'un pour découvrir les régions motrices, l'autre pour la recherche du sillon de Rolando.

Procédé de Seeligmüller (1877).

Seeligmüller, pour découvrir la région motrice, scie une bande d'os large de 4 centim., qui commence entre les bosses frontales et court vers l'occiput en suivant la ligne médiane et se termine à 3 centim. en arrière de la petite fontanelle. Ensuite, il opère sur chaque moitié du crâne deux sections plus ou moins verticales. La coupe antérieure commence à 2 centim. en arrière de l'extrémité médiane de la suture coronale et se termine à 1 centim. en arrière de l'extrémité latérale de cette même suture au niveau de la suture pariéto-temporale. La seconde coupe se trouve à environ 3 centim. en arrière de la précédente et court parallèlement à elle ou en convergeant un peu. Ensuite, il coupe à l'endroit de la suture pariéto-temporale les ponts d'os qui tiennent encore, et obtient une fenêtre qui découvre les régions motrices.

Seeligmüller par ce procédé doit fatalement se trouver toujours trop en avant.

Procédé de Chiarugi (1886).

Chiarugi, en vue de déterminer le sillon de Rolando, emploie le procédé suivant :

Il cherche les deux extrémités de la scissure au moyen du procédé de Broca, puis scie le crâne circulairement, enlève le cerveau, incise la dure-mère pour découvrir le sillon et voit si les fiches sont bien enfoncées dans les extrémités cherchées. S'il y a une erreur, il la note ; en tout cas, elle est insignifiante. Ensuite, il moule la cavité crânienne, et avant d'enlever la calotte, marque le moule, en passant une fiche trempée à l'encre dans les perforations. Les erreurs notées précédemment sont reportées sur le moule.

Voulant à notre tour étudier la question de la topographie crânio-cérébrale, nous avons passé en revue les différents procédés employés jusqu'ici. Celui de GRATIOLET ne pouvait nous arrêter, il a conduit l'habile anatomiste qui l'employait à des erreurs considérables. Celui de BROCA est sans doute un procédé suffsamment exact, bien que prêtant encore à l'erreur, mais il ne met pas sous les yeux les relations complètes du crâne et du cerveau, et c'est pour cette raison que nous avons laissé de côté cette méthode et que nous avons employé un procédé graphique. Parmi ces procédés, le plus exact nous paraît être celui de HEFTLER, mais il est très long, très compliqué, exige beaucoup de cadavres, et nous lui avons préféré une modification du procédé d'ANDERSON et MAKINS due au professeur DEBIERRE et dont nous allons donner l'exposé.

Procédé de l'autogravure cérébrale (DEBIERRE et LE FORT).

Ce procédé consiste à faire imprimer au cerveau lui-même ses sillons et circonvolutions sur le crâne. Voici les divers temps de l'opération. On fait sur une tête fraîche une incision au cuir chevelu allant d'une oreille à l'autre. Les deux lambeaux sont rejetés l'un en avant, l'autre en arrière. On enlève à la scie la moitié (gauche) de la calotte crânienne en prenant bien garde de ne pas entamer ni la dure-mère ni surtout le cerveau. La section horizontale du crâne se fait en suivant le plan glabello-iniaque horizontal; la section verticale à 1 centim. de la ligne médiane.

La dure-mère est mise à nu, puis incisée sur son bord sagittal à 1ctm1/2 ou 2 centim. de la ligne médiane, et deux fentes perpendiculaires à cette première incision sont pratiquées l'une à la partie antérieure, l'autre à la partie postérieure de la membrane fibreuse, de façon à pouvoir ainsi en écarter un panneau. Le cerveau est examiné avec soin, on reconnaît toutes les scissures et sillons après avoir délicatement détaché la pie-mère, et, réappliquant sur le cerveau la dure-mère bien essuyée, on dessine à l'encre à sa surface, à mesure qu'on en recouvre le cerveau, les sillons et circonvolutions avec lesquelles elle est en rapport. La dure-mère doit être replacée très exactement dans la position qu'elle occupait d'abord, opération qui demande le plus grand soin. Pour empêcher que le cerveau ne se déforme, on laisse le plus de dure-mère possible en avant et en arrière ; celle-ci le maintient. Quand tous les sillons et toutes les circonvolutions sont dessinées sur la dure-mère, on recoud cette membrane et on repasse les premiers traits avec une couleur grasse. La voûte du crâne bien essuyée est remise en place, et en retournant la tête, on obtient sur l'endocrâne le tracé des sillons et circonvolutions. Les traits sont repassés à l'encre, et l'on pratique des perforations au moyen d'une drille armée d'un foret le long des sillons que l'on désire étudier. On obtient ainsi sur la surface externe du crâne le tracé des sillons et des circonvolutions; mais, pour éviter toute erreur, nous nous sommes toujours servis du *procédé de contrôle* suivant :

Le crâne est remis en place ; on enfonce par chacune des perforations de petites fiches en fer ou en bois dans la substance cérébrale, et le crâne de nouveau enlevé, on examine l'endroit où les fiches sont tombées.

Si les fiches sont tombées exactement dans le sillon, on le dessine sur l'exocrâne en se guidant sur la ligne générale des perforations. Si les fiches sont tombées à quelques millimètres du sillon, on reporte sur le crâne la distance, mais augmentée proportionnellement au rapport des diamètres craniens aux diamètres cérébraux.

On obtient ainsi sur la surface du crâne la représentation exacte des circonvolutions cérébrales sous-jacentes.

Nous avons appliqué ce procédé de recherches topographiques sur 20 sujets d'âge et de sexe différents. On verra plus loin les résultats que nous avons obtenus.

C'est le procédé courant dont nous nous sommes servis; mais sur certaines têtes, et pour être plus sûrs que le cerveau ne subissait aucune déformation pendant l'opération, nous avons suivi une méthode différente qui, du reste, nous a prouvé que notre procédé général était bon et que nous pouvions entièrement nous fier à lui. Cette méthode consiste à mettre à nu la dure-mère comme précédemment; mais, au lieu d'abattre un panneau de cette coque fibreuse pour mettre à jour la surface du cerveau, nous lui faisons simplement une fenêtre rectangulaire le long du trajot approximativement connu du sillon de Rolando. Cela fait, nous déchirons la pie-mère avec précaution pour mettre à nu le sillon; et celui-ci une fois bien reconnu, nous traçons son siège exact sur le petit pont de dure-mère que nous avons abattu; puis, nous relevons ce pont; nous le suturons soigneusement au reste de la dure-mère, et il ne reste plus dès lors qu'à suivre la ligne précédemment tracée à l'encre avec le pinceau trempé dans un mastic coloré pour obtenir l'impression du sillon sur l'endocrâne. On peut successivement opérer de la sorte, on le conçoit, sur les autres scissures. Le procédé n'a qu'un tort, c'est d'exiger beaucoup de temps. Nous avons encore opéré différemment pour atteindre une précision plus grande. Le pont de dure-mère précédent une fois rabattu, nous découvrons la scissure que nous voulons mettre à la lumière en déchirant la pie-mère; puis, avant de remettre ce pont en place, nous le faisons tremper un certain temps dans de l'essence de térébenthine, ou mieux de l'éther, nous l'étalons sur un petit liége sans le tirailler et lorsqu'il est evenu transparent, nous le suturons comme nous faisons dans notre procédé ordinaire. Il laisse alors voir à travers lui le sillon cherché, et il ne reste qu'à le dessiner à sa surface avec le pinceau chargé de matière colorante. On peut aussi remplacer le panneau de dure-mère que l'on abrase alors complètement par une baudruche transparente qui laisse voir la surface du cerveau comme au travers d'une vitre.

CHAPITRE II.

CRANE ET CERVEAU. — RAPPORTS DES LOBES CÉRÉBRAUX.

1. — Le crâne et le cerveau.

L'étude de la topographie cranio-cérébrale doit être précédée d'une étude rapide du crâne et du cerveau. Nous nous contenterons de renvoyer le lecteur aux figures que nous avons jointes à notre travail. L'une (fig. 5) représente le crâne avec ses sutures, et donne l'indication de ses points singuliers. L'autre (fig. 6) est un schéma des circonvolutions cérébrales.

Voici en outre quelques dimensions en centimètres du crâne et de ses diamètres intéressantes à connaître. Elles sont extraites d'un travail important de DANA (1889).

	ADULTES.		
	M.	F.	Variations physiol.
Circonférence totale du crâne..	52	50	48,5 à 57,4
Arc bi-auriculaire ;......	32	31	28,4 à 35
Volume du crâne (1)........ .	1500	1300	1201 à 1751
Arc naso-occipital	32	31	28, à 38
Arc naso-bregmatique........	12,5	12	10,9 à 14,9
Arc bregmato-lambdatique...	12,5	11,9	9,1 à 14,4
Arc lambdato-occipital	7,0	7,1	
Diamètre antéro-postérieur ...	17,7	17,2	16,5 à 19,0
» transverse maximum	14,6	14,0	13, à 16,5
Indice céphalique............	82,2	83,8	76, à 87
Hauteur de la face...........	12,37		10,5 à 14,4
Hauteur maxima du crâne	13,3	12,3	11,5 à 15

(1) D'après HUSCHKE et BENEDIKT.

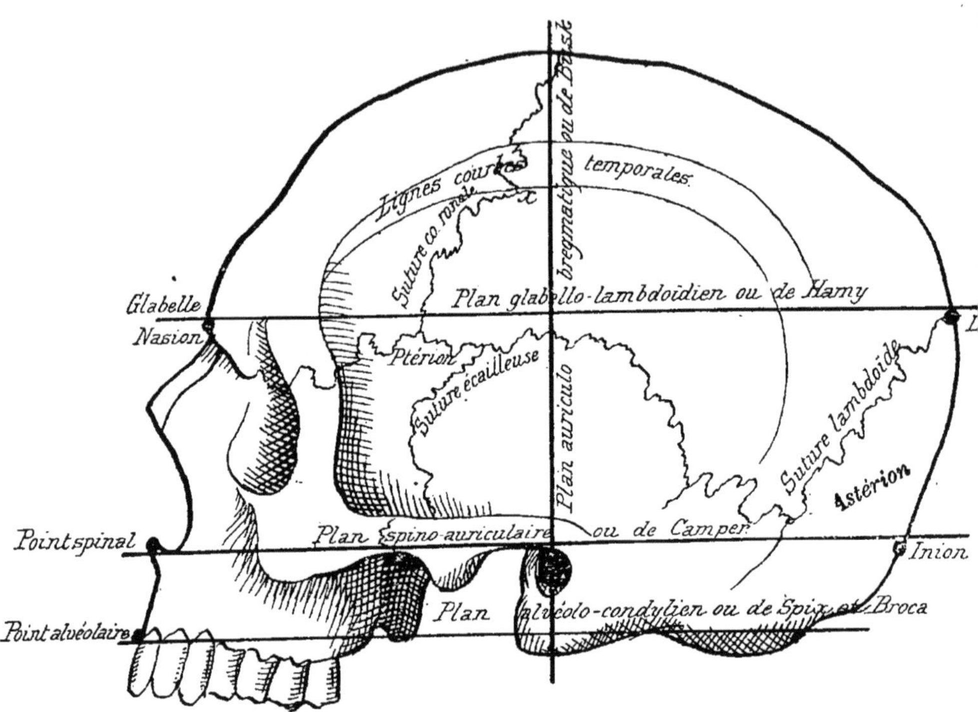

FIG. 5. — Crâne avec l'indication de ses sutures, de ses points singuliers et des principaux plans, en usage dans les études anthropologiques.

x, **stéphanion** (1).

---

(1) Nous avons placé le stéphanion à l'endroit où la suture coronale est croisée par la ligne courbe temporale inférieure, et non par la supérieure, comme on le fait généralement, parce que les descriptions de Broca se rapportent au point inférieur et non au supérieur, comme l'indiqueraient ses figures. On devrait désigner ces deux points (quand ils existent tous deux), sous les noms de stéphanion supérieur et de stéphanion inférieur pour éviter toute confusion.

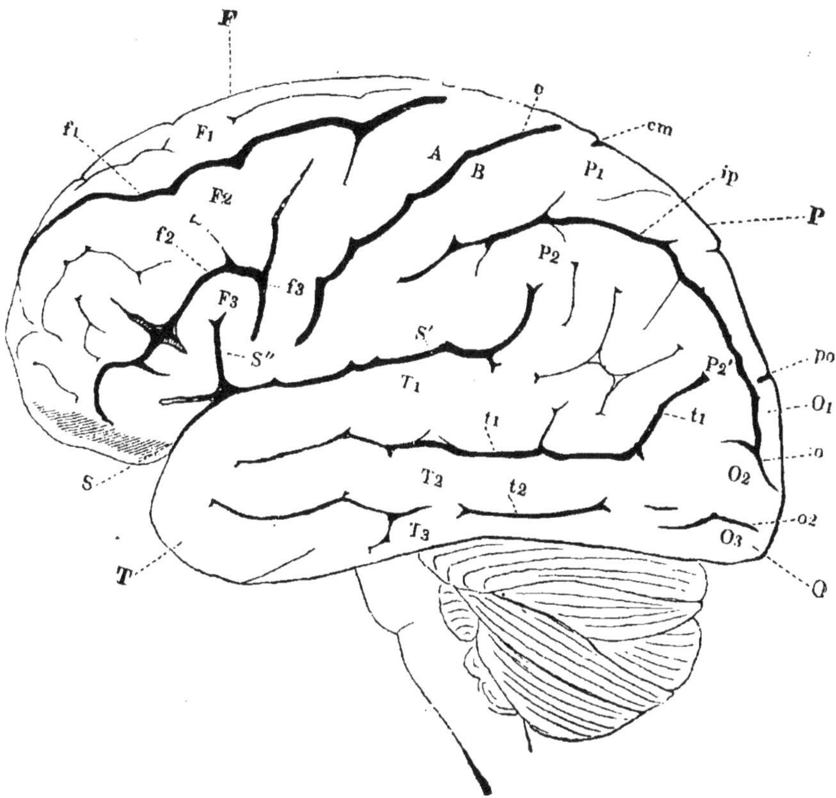

Fig. 6. — Schéma des circonvolutions cérébrales de l'homme.

c, scissure de Rolando. — S S′, scissure de Sylvius. — S″, branche verticale de la scissure de Sylvius. — *po*, scissure pariéto-occipitale. — f^1, f^2, sillons-frontaux supérieur et inférieur. — f^3, sillon précentral ou prérolandique. — *ip*, sillon interpariétal — t′, 1er sillon temporal ou scissure parallèle de Gratiolet. — t^2, 2e sillon temporal. — 0, 0^2, 1er et 2e sillons occipitaux. — F, lobe frontal. — P, lobe pariétal. — O, lobe occipital — T, lobe temporo-sphénoïdal. — F_1, F_2, F_3, 1re 2e et 3e circonvolutions frontales. — A, circonvolut. frontale ascendante. B, circonv. pariétale ascendante. — P_1, lobule pariétal supérieur. — P_2, lobule du pli courbe. — P_2', pli courbe. — O_1, O_2, O_3, 1re 2e et 3e circonv. occipitales. — T_1, T_2, T_3, 1re, 2e et 3e circonv. temporales. — *cm*, terminaison du sillon calloso-marginal.

Les variations physiologiques des diamètres du crâne sont assez étendues, comme on peut le voir, mais les proportions d'une même ligne dans un même crâne ne sont pas suffisamment variables pour fausser notablement les points de repère que nous aurons à établir bientôt.

Notamment en ce qui concerne les variations dépendant de l'âge, DANA dit que le crâne change considérablement pendant la première année et qu'il continue à s'accroître rapidement jusqu'à 4 ans pour croître ensuite plus lentement. A la fin de la 7e année, il a presque acquis sa forme et ses dimensions définitives, plus précoces chez les filles.

Les différences sexuelles ont été formulées par BROCA. Il a démontré qu'elles ne sont pas absolues. Elles consistent surtout dans l'effacement des saillies et la diminution des diamètres.

2.—Rapports des contours de l'hémisphère cérébral.

La détermination des rapports des lobes cérébraux a été l'objet de nombreuses recherches. Nous ne rapporterons ici que ce qui a trait aux contours de l'hémisphère cérébral, car les limites des lobes entre eux correspondent soit à des scissures qui feront l'objet d'une étude particulière, soit à des lignes fictives qui ne servent qu'à faciliter les descriptions.

Pourtant, nous ferons remarquer avec TURNER (1873) que les lobes ne correspondent pas précisément aux os du crâne de même nom qu'eux. En effet, le lobe frontal s'étend très loin en arrière sous l'os pariétal, le lobe pariétal est beaucoup plus petit que l'os de même nom, qui recouvre parfois une partie du lobe occipital. Le lobe temporal également dépasse la portion écailleuse du temporal.

Étudions maintenant les rapports du bord interne du cerveau et ceux du bord externe.

a) *Bord interne de l'hémisphère.*

Il y a peu de chose à dire sur le bord interne de l'hémisphère cérébral. Il suit la ligne médiane du crâne.

Horsley (1887) fait remarquer que, par suite de la déviation à droite du sinus longitudinal supérieur, l'hémisphère droit, arrive seulement au niveau de la ligne qui joint l'extrémité des dentelures de la suture sagittale, tandis que l'hémisphère gauche s'étend jusqu'à la ligne médiane. Faisons toutefois remarquer que tous les anatomistes ne placent pas le sinus à droite, mais les uns à gauche, et d'autres au milieu bien que le plus souvent, il faut le dire, il empiète sur le côté droit.

b) *Bord externe de l'hémisphère.*

Le bord externe du cerveau peut se diviser en trois parties : une partie frontale, correspondant au lobe frontal ; une partie temporo-sphénoïdale, et une partie occipitale.

Le *bord inférieur du lobe frontal* est en rapport avec le plancher de la fosse cérébrale supérieure,

Pour Heftler (1873), « la pointe du lobe frontal se trouve entre la suture naso-frontale et la ligne qui réunit le bord supérieur des deux orbites. Le bord inférieur de chaque hémisphère se dirige en dehors, presque parallèlement avec le bord supérieur de l'orbite, qui en est éloigné de 6 centim. ; et même, plus en dehors, cette distance augmente, à cause de l'abaissement du bord supra-orbital. Enfin, la distance verticale entre le bord inférieur du lobe frontal et l'angle formé par le bord supérieur du corps de l'os zygomatique et l'arcade zygomatique est égale, en moyenne, à 26 millimètres. »

Broca (1876) montra que la ligne sus-orbitaire, passant transversalement au-dessus des arcades orbitaires, établit la démarcation entre le crâne facial et le crâne cérébral.

Dana (1889) fait commencer le lobe frontal immédiatement en arrière de l'os frontal, dont l'épaisseur varie de 2 à 8 mill.

Poirier (1890) qui a fait une étude toute spéciale de la détermination de la limite inférieure du cerveau, a trouvé le bord inférieur et externe du lobe frontal situé à une distance variant entre 6 et 12 millim. au-dessus de la moitié externe de l'arcade orbitaire ; ce bord se relève ensuite un peu (8 à 15 millim.) au niveau de l'apophyse orbitaire externe. En avant au contraire, il se rapproche du rebord orbitaire, et tout-à-fait en dedans il descend beaucoup plus bas qu'à sa partie interne ; là il répond à peu de chose près à la suture fronto-nasale.

Les bords antérieur et inférieur du *lobe temporal* font partie de la ligne de contour du cerveau.

Ils correspondent à la fosse cérébrale moyenne.

Selon Heftler (1873) « le bord antérieur du lobe est situé à 2 cent. 4 en moyenne en dehors du bord externe de l'orbite. Le bord inférieur du lobe temporal, à l'endroit où il devient son bord antérieur, est éloigné de l'arcade zygomatique de 12 millim. (en chiffres moyens) ; plus tard, il s'approche peu à peu de l'arcade zygomatique et atteint, dans le voisinage de l'articulation de la mâchoire inférieure, presque le bord supérieur de l'arcade zygomatique ; mais, pour la plupart du temps, il est éloigné de cette arcade de 3 à 4 millim. »

Féré (1875) fait cette remarque que la pointe du lobe moyen s'avance de 3 ou 4 millim. en avant du bord postérieur de la petite aile du sphénoïde, mais peut se prolonger à 10 et même 25 ; un instrument pénétrant dans la fosse temporale à un centimètre en arrière de l'aphophyse orbitaire externe peut donc toucher quelquefois le lobe sphénoïdal (Féré).

Reid (1884) place le bord inférieur du lobe temporal plus bas que ne le faisait Heftler : pour lui, ce bord correspond au bord supérieur de l'apophyse zygomatique, et à une ligne menée de l'extrémité de cette apophyse à un point situé à moitié route entre l'inion et le bord postérieur de la base de l'apophyse mastoïde. Son bord antérieur s'avance jusqu'à l'apophyse orbitaire de l'os malaire.

Dana (1889) limite le bord inférieur du lobe temporal au moyen d'une ligne menée d'un point situé à environ 12 mill. au-dessus du zygoma et du méat auditif à l'astérion, et continuée par la ligne courbe occipitale supérieure. Pour le bord antérieur, il admet les conclusions de Reid.

Poirier (1890) place la pointe du lobe à 15 millim. en arrière du bord externe de l'apophyse orbitaire et à 2 centim. audessus de l'apophyse zygomatique. De là, le bord inférieur se dirige « obliquement en bas et en arrière vers le conduit auditif, et vient effleurer le bord supérieur de l'apophyse zygomatique au niveau de la cavité glénoïde ». Poirier fait remarquer qu'à ce niveau, le cerveau n'est séparé de l'extérieur du crâne que par une lamelle très mince et toujours transparente. Au-delà, le bord du lobe se relève un peu pour passer audessus du trou auditif externe à une distance de 4 à 10 millim., et arriver au niveau du bord postérieur et supérieur du rocher; puis il descend très obliquement et fait partie du lobe occipital.

Le *bord inférieur du lobe occipital* fait suite au bord temporal; il correspond au sinus latéral et à l'insertion de la tente du cervelet, et sur le crâne à la ligne courbe occipitale supérieure de l'astérion à l'inion (Heftler, Broca, Reid, Dana, Poirier).

Nous verrons toutefois que la protubérance occipitale externe ou inion n'a pas des rapports constants avec l'extrémité du sinus latéral (Rieger).

CHAPITRE III.

SCISSURE DE ROLANDO.

Rapports avec le crâne.

1° Extrémité supérieure de la scissure.

La détermination sur le crâne de la position du sillon de Rolando, une des trois grandes scissures du cerveau, est de la plus haute importance. Cette scissure est en effet, comme l'a dit Lucas-Championnière, «le centre de figure de la région motrice.» — Pour la plupart des auteurs il limite en arrière le lobe frontal, et en avant le lobe pariétal.

Gratiolet, en 1857, essaya le premier d'en déterminer les rapports. De ses recherches, il conclut que ce sillon correspond à la suture coronale, et que scissure et suture sont dans le même plan.

Quatre ans plus tard, Broca (1) releva l'erreur de Gratiolet en démontrant que la scissure, en réalité, se trouve en arrière de la suture. D'après lui, l'*extrémité supérieure* du sillon, dont nous nous occuperons d'abord, est située au moins à 4 centim. en arrière du bregma (maximum 63 millim. chez un épileptique). Plus tard, en 1871, il modifia ses premières conclusions, obtenues d'après ses observations relevées sur onze sujets (hommes adultes) et éleva sa moyenne à 47 millim.

Broca, 1861, *Bull. Soc. anat.*, p. 340

Bischoff (1868), place l'extrémité postérieure du lobe frontal à 2 centim. au moins en arrière du bregma; mais Bischoff ne comprend pas la circonvolution frontale ascendante dans le lobe frontal. Or l'épaisseur de cette circonvolution étant, selon Broca, de près de 2 centim., on peut juger de la place que Bischoff assignait au sillon de Rolando.

Turner (1873), après des recherches faites en Écosse, évalue à 2 pouces (51 millim.) la distance rolando bregmatique. Il a vu cette distance réduite à un pouce 1/2 (38 millim.)

La même année, en Russie, Heftler, par un procédé tout différent arrive à un résultat analogue à celui de Broca (48 millim. comme distance moyenne).

Depuis, différents auteurs se sont occupés de la question. Ils ont respectivement trouvé les distances suivantes :

Féré (1875)	45 millim. chez la femme.
De la Foulhouze (1) (1876)	38 à 63 millim.
Ecker (1876) . ..	38 millim.
Féré et Broca (1876)	47 à 48 millim. chez l'homme.
Féré (1877)	$47^{mm},3$.
Lucas-Championnière (1878)	55 millim.
A.-W. Hare (1884) (2)	$47^{mm},6$.
Passet (3)	$48^{mm},3$ à $56^{mm},6$.
Chiarugi (1886) (4)	$52^{mm},2$ à $53^{mm},5$.

(1) Les observations de de la Foulhouze se rapportent à 4 vieillards et 5 adultes. La distance de 63 millim a été observée par lui sur une arabe de 25 ans; les autres distances n'ont pas dépassé 54 millim.

(2) Hare a fait 11 expériences et a trouvé des distances variant entre 1 pouce 3/8 et 2 1/4 (35 millim. et 57) en moyenne 1 p. 7/8 ($47^{mm},6$).

(3) Voici les mesures rolando-bregmatiques d'après Passet :

Hommes.....	brachycéphales :	$56^{m},6$
	dolichocéphales :	$48^{m},3$
Femmes.....	brachycéphales :	$50^{m},8$
	dolichocéphales :	$51^{m},3$

(4) Chiarugi a indiqué les chiffres suivants comme distances rolando-bregmatiques :

Chez les brachycéphales : $53^{mm},5$ (47 à 63,5)
— dolichocéphales : $52^{mm},2$ (44,5 à 62,5).

Ses recherches ont porté sur 12 individus.

Féré surtout a fait sur ce sujet de nombreuses expériences et publié beaucoup. Ses premiers résultats (1875) furent obtenus par l'examen de 54 vieilles femmes dont les cerveaux avaient 16 centim. de long en moyenne. Le sommet du sillon de Rolando était situé environ à 111 millim. de l'extrémité antérieure et à 49 millim. de l'extrémité postérieure du cerveau (en projection). La distance rolando-bregmatique avait un maximum de 57 millim. Depuis, ses nouvelles recherches, personnelles ou en collaboration avec Broca, lui permirent de confirmer ses conclusions premières. Il fixa (1877) à 47mm,3 la moyenne de la distance Rolando-bregmatique chez l'homme.

Broca (1877) avait attiré l'attention sur une cause d'erreur dans l'évaluation de cette distance : souvent le sillon de Rolando arrivé près de la ligne médiane fait un crochet qui reporte de 1,2 et même 3 centim. en arrière son extrémité supérieure. Il empiète ainsi sur le lobe pariétal, ce qui peut créer des malentendus.

Passet fait également une rectification dans ses calculs quand l'extrémité supérieure du sillon se dévie brusquement en arrière. Chiarugi croit cette rectification inutile, parce que, dans ce cas, il y a souvent une courbure compensatrice du sillon en avant ; à son avis, la correction serait dangereuse et pourrait compromettre l'exactitude des résultats.

Nos recherches sur la distance rolando-coronale supérieure ou rolando-bregmatique nous ont donné les résultats suivants: la distance moyenne est de 49mm55 ; le minimum a été de 40, et le maximum de 62. A l'encontre des résultats de Passet et de Chiarugi, nous avons trouvé les distances plus grandes chez les dolichocéphales (51mm) que chez les brachycéphales (48mm). A priori, ce fait semblait probable, le diamètre antéro-postérieur de la tête étant plus long.

Détermination de l'extrémité supérieure du sillon de Rolando par le bregma.

Sur le crâne, le point de repère le plus voisin du sillon de Rolando est le bregma. On a donc cherché des procédés capables de déterminer ce point avec certitude.

BROCA, pour y arriver, s'est appuyé sur ce fait que le plan passant par le bregma et les 2 conduits auditifs externes est vertical et sensiblement perpendiculaire au plan horizontal spino-auriculaire de Camper passant par l'épine nasale et les 2 conduits. Il fit construire un appareil (1) composé d'une équerre formée de 2 tiges flexibles réunies à angle droit par un tourillon. On fixe le tourillon dans l'oreille ; la branche horizontale est placée dans le plan spino-auriculaire de Camper, sous l'épine nasale par conséquent; la branche verticale rabattue vient passer au sommet de la tête sur le bregma. Ce point déterminé au moyen de l'équerre (bregma-céphalométrique), il suffit pour trouver l'extrémité supérieure du sillon de Rolando, de mesurer la distance déjà connue qui le sépare de la partie supérieure de ce sillon.

Outre l'équerre de BROCA, LUCAS-CHAMPIONNIÈRE, 1878, indique plusieurs procédés de détermination du bregma. La palpation seule suffit parfois. A son défaut on peut se contenter d'un ruban métrique placé autant que possible dans un plan vertical, la tête étant dans le regard horizontal ; dans ce cas la partie médiane de l'arc bi-auriculaire ainsi tracé, indique le bregma. On peut se servir également d'un carton échancré embrassant la tête, et traversé perpendiculairement, à hauteur de l'œil, par un crayon placé dans le plan horizontal. Le milieu du carton passe sur le bregma au sommet de la tête. Pour trouver l'extrémité supérieure du sillon de Rolando, LUCAS-CHAMPIONNIÈRE mesure sur la ligne médiane 55 millim. à partir

(1) L'appareil de BROCA a été décrit pour la première fois dans les *Bulletins de la Société d'Anthropologie*, 1873, 2me série, tome VIII, p.147.

du bregma. Selon lui en effet : 1° le chiffre donné par Broca comme distance Rolando-bregmatique est trop faible ; 2° le sillon de Rolando ne se dirige pas en droite ligne : il se recourbe à sa partie supérieure ; or peu importe son extrémité réelle ; ce qu'il faut déterminer exactement, c'est le point où il aboutirait s'il avait une direction rectiligne. En outre, chez la femme, il faudrait compter 50 millim. au lieu de 55 (4 ans avant ses derniers travaux Lucas-Championnière avait indiqué 48 millim. seulement chez la femme).

Pour trouver le bregma, il suffit d'après Fraenkel de promener l'ongle d'avant en arrière sur le crâne, au niveau de la ligne médiane. Lorsque l'expérimentateur arrive sur le bregma, le patient accuse de la douleur, comme il en accuserait d'ailleurs pour toute autre suture. Le fait ne semble pas être assez constant pour être d'un grand secours. Au reste, comme le fait remarquer Poirier, les sutures disparaissent souvent avec l'âge. Nous avons vu un crâne dans le bregma duquel était développé un os wormien de plus de 5 centim. ; malgré la persistance des sutures, le résultat du procédé de Fraenkel aurait été absolument trompeur dans ce cas.

L'équerre de Broca qui, semble-t-il, reste le mode de détermination le plus exact du bregma, a ses inconvénients. Féré et Broca lui-même, ont montré que le point (bregma-céphalométrique) trouvé avec cet instrument, ne correspond pas exactement au bregma crâniométrique. En général celui-ci est en arrière du premier, à 9 millim. environ. Il ne faut pas oublier d'ailleurs que l'écart peut être porté à 3 centim., par suite des variations dans l'épaisseur des téguments qui recouvrent l'épine nasale et dans la forme de la sous-cloison. Pour ces deux raisons, l'équerre peut être inclinée plus ou moins en avant. Aussi dans la pratique faut-il, selon Féré, reculer d'un centimètre environ le bregma indiqué par l'équerre.

La détermination du bregma est donc chose difficile. Il n'y a aucune précision d'après Féré si on l'établit par simple construction à vue d'œil du plan auriculo-bregmatique de BUSK. Quant au procédé de LUCAS-CHAMPIONNIÈRE, il le trouve impraticable, à cause de l'impossibilité, dans la plupart des cas, de placer le sujet dans la position du regard horizontal. Si l'on se sert de l'équerre de BROCA, la difficulté reste grande, et il faut tenir compte de l'obliquité du conduit auditif externe évaluée d'après les recherches de FÉRÉ et de TERRILLON à un centimètre environ.

Il faut d'ailleurs ne négliger aucun détail pour se servir avec fruit de l'équerre de BROCA. Le tourillon doit être enfoncé profondément dans l'oreille gauche, pour redresser le conduit auditif externe ; la lame verticale doit être recourbée vers l'oreille droite de manière que le bord postérieur réponde à la base du tragus et non à son sommet ; ceci toujours à cause de l'obliquité du conduit. La branche horizontale doit être placée sur la lèvre supérieure et immédiatement sous la sous-cloison. Dans ces conditions c'est le bord postérieur de la lame verticale qui indique le bregma céphalométrique. (FÉRÉ, 1881, 1886, 1890).

Malgré toutes ces difficultés, FÉRÉ, pour ses déterminations cranio-cérébrales, commence toujours par construire les plans auriculo-bregmatique, et glabello-lambdoïdien. POIRIER reconnaît également que le bregma craniométrique et le bregma céphalométrique ne coïncident pas. Ils seraient distants l'un de l'autre en moyenne de 15 millim., ce qui donnerait par le procédé de LUCAS-CHAMPIONNIÈRE une extrémité supérieure du sillon de Rolando à 70 millim en arrière du bregma au lieu de 48 millim., chiffre donné par HEFTLER, BROCA, FÉRÉ et POIRIER lui-même, d'où erreur de 2 centim.. D'ailleurs le procédé de LUCAS-CHAMPIONNIÈRE expérimenté sur 10 cadavres, n'a réussi qu'une fois ; 9 fois il a donné un point situé trop en arrière. — MÜLLER a fait les mêmes essais et a obtenu le même résultat. En pratique ce procédé a, entre les mains du professeur VERNEUIL, donné une erreur de 3 centimètres (1).

(1) THIERY, *Bull. de la Soc. anat.* 1890.

Bergmann, Merkel et la plupart des auteurs allemands trouvent l'extrémité supérieure de la scissure de Rolando, sur le vivant, en élevant sur une ligne horizontale une perpendiculaire passant juste derrière l'apophyse mastoïde, et remontant jusqu'à la ligne sagittale. Ce procédé qui est aussi celui de Reid (1884) manque de précision (Poirier).

Détermination de l'extrémité supérieure du sillon de Rolando par sa position sur l'arc sagittal.

Dans ces dernières années, on a cherché (anglais et américains surtout) à déterminer l'extrémité supérieure du sillon de Rolando, non plus en mesurant la distance qui le sépare du Bregma, mais par sa position sur la ligne glabello-iniaque, abstraction faite des sutures. W. Hare, en 1884, établit le rapport de la distance glabello-rolandique, à la distance glabello-iniaque ou arc sagittal. Il le trouve de 55,7 pour 100 avec des variations toujours inférieures à 1/3 de pouce. Ses expériences sont au nombre de onze. Il enlève un côté de la calotte crânienne, la dure-mère, puis la pie-mère, après l'avoir en partie détachée par un courant d'eau (ce qui nous paraît avoir dû changer quelque peu les rapports). Il enfonce ensuite une épingle, au niveau du sillon de Rolando, dans la faux du cerveau, et mesure dès lors ses distances.

Thane, de Londres, modifie la loi de Hare en prenant au lieu des $\frac{557}{1000}$ de l'arc sagittal, la moitié de cet arc plus un demi pouce. Ce procédé plus simple semble moins exact, à supposer toutefois que le chiffre 557 soit l'expression de la vérité, ce que nos recherches n'ont pas confirmé.

Selon Horsley (1887) la distance à ajouter en arrière du point mi-sagittal serait encore de 1/2 pouce, comme l'avait conseillé Thane, dont il accepte le procédé.

Enfin, en avril 1889, ANDERSON et MAKINS ont trouvé l'extrémité supérieure du sillon de Rolando entre le point mi-sagittal et un point situé à 3/4 de pouce en arrière (1 cent.90) c'est-à-dire que pour la découvrir on devra appliquer le trépan à 3/8 de pouce (0 cent.95) en arrière du point sagittal moyen. (V. fig. 7 et 8).

Quant au bregma il serait situé aux 2/5 de la ligne sagittale à partir de la glabelle. Sa situation peut varier de plus de 1/2 pouce.

DANA, la même année, avait reconnu le peu de rigueur de la méthode de BROCA, et adopté le procédé de HARE. Pour lui, comme l'arc naso-occipital tourne autour de 28 à 38 centim., le point cherché oscille entre 157 et 268 millim. à partir de la glabelle.

POIRIER ayant constaté la difficulté d'établir exactement la glabelle, a proposé comme point de repère la suture fronto-nasale, « le point nasal. » Pour l'Inion il conseille quand on ne peut le déterminer facilement, de faire fléchir la tête de façon à tendre le ligament cervical postérieur qui s'insère à cette saillie, ou de suivre la ligne courbe occipitale supérieure qui y aboutit. Quant aux déterminations de l'extrémité supérieure du sillon de ROLANDO faites par les auteurs anglais et américains, elles s'accordent parfaitement avec les résultats obtenus par POIRIER (40 observations). Néanmoins, comptant à partir du « point nasal », cet anatomiste conseille de mesurer 2 centimètres en arrière du point mi-sagittal. — Dans un cas, sur le vivant, il n'a pu trouver l'inion. Aussi pour des cas analogues, et comme moyen de contrôle dans les autres, conseille-t-il de mesurer 18 centim. à partir du point nasal sur la ligne sagittale. Il s'appuie sur les données suivantes résultant de ses expériences : l'arc naso-bregmatique est de 123 millim. en moyenne, la distance rolando-coronale supérieure d'un peu plus de 5 centim., au total 18 centim. 1/2 ou 18 pour les grosses têtes, 17 pour les petites. Ce procédé lui a donné d'excellents résultats, mais il est inapplicable aux enfants.

D'après nos recherches, le sillon de Rolando serait situé plus en avant que ne le disent les anatomistes anglais et américains. Nous avons en effet trouvé l'extrémité supérieure de la scissure non pas aux $\frac{557}{1000}$ de l'arc sagittal, mais aux $\frac{532}{1000}$ en moyenne et plus en avant encore chez les dolichocéphales $\left(\frac{520}{1000}\right)$. Chez les brachycéphales, le sommet de la scissure serait aux $\frac{545}{1000}$ environ de l'arc sagittal.

Quatre trépanations faites d'après ces données, deux chez un dolichocéphale et deux chez un brachycéphale, nous ont permis de découvrir très exactement, au *centre* de notre couronne de trépan le sillon de Rolando.

Nous avons mesuré également la distance qui sépare la glabelle du sillon de Rolando. Cette distance est d'environ 173 millim., un peu plus forte (7 à 8 millim.) chez les brachycéphales que chez les dolichocéphales.

2° Extrémité inférieure de la scissure.

Détermination de l'extrémité inférieure du sillon de Rolando.

L'extrémité inférieure du sillon de Rolando, de même que la supérieure, est située en arrière de la suture coronale, mais à une distance moindre, comme l'avait déjà fait remarquer P. Broca en 1861.

Les évaluations de cette distance « rolando-coronale inférieure » ont été les suivantes :

Broca 1871	15 millim. environ chez l'homme.
Heftler 1873	28 —
Turner 1873	38 — (minimum 33).
Féré 1875	25 à 30 millim.
Ecker 1876	17 millim. (sur un allemand).

De la Foulhouze (1) 1876.....	23 à 44 millim.
Féré 1882......................	28 millim. chez 38 hommes.
— —	27 — chez 34 femmes.
Passet (2)......................	19^{mm},6 à 30^{mm},1.
Chiarugi 1886.................	27^{mm},9 (brachycéphales) 23 à 35,5.
— —	26^{mm},7 (dolichocéphales) 23 à 30,5.

Féré, 1875, fixe l'extrémité externe et antérieure du sillon de Rolando à 71 millim. de l'extrémité antérieure du cerveau et à 89 millim. de l'extrémité postérieure, sur des cerveaux de 16 centim. Quant à la distance de la suture coronale à la partie inférieure du sillon de Rolando, il fait remarquer que « le sillon s'arrête au moins à un centimètre plus haut que la suture qui devient plus oblique dans la partie inférieure; de sorte qu'à son extrémité externe, il reste 2 1/2 à 3 centim. en arrière de l'extrémité externe de la suture coronale, qui correspond à l'intervalle des 2 plis de la troisième circonvolution frontale. » — Broca fait la même remarque, et cherche la distance de l'extrémité inférieure du sillon de Rolando à la scissure coronale sur une ligne horizontale. Cette ligne passe à quelques millimètres au-dessus de la scissure de Sylvius. D'après lui, cette notion suffit pour la détermination de la hauteur de l'extrémité du sillon. Heftler mesure cette hauteur par les rapports de la ligne horizontale avec la suture temporo-pariétale; la distance du point cherché à l'origine de la suture varierait entre 2 et 5 millim.

---

(1) Les observations de de La Foulhouze se rapportent à 5 adultes et 4 vieillards. Il a trouvé chez les 5 adultes des distances de 23 à 44, 23 : (1 femme) 26 (1 femme, 1 homme) 32 (1 femme) 44 (une femme arabe), et chez les 4 vieillards, de 25 à 31 millimètres.

(2) Passet a trouvé........	hommes.	brachycéphales	24^{mm},9
		dolichocéphales	19^{mm},6
— —	femmes.	brachycéphales	20^{mm},6
		dolichocéphales	30^{mm},1

Chez le vivant, LUCAS-CHAMPIONNIÈRE a le premier donné un procédé de détermination de l'extrémité inférieure du sillon de Rolando à la surface du crâne. Pour y arriver, il s'est inspiré de la méthode de BROCA pour rechercher le centre du langage articulé, méthode que nous exposerons plus loin. Voici ce que dit LUCAS-CHAMPIONNIÈRE : « On prend un point derrière l'apophyse orbitaire externe au point où la base de cette apophyse se recourbe et se relève pour se continuer avec la crête temporale de l'os frontal. On tire une ligne horizontale de 7 centim. On élève à la partie postérieure de cette ligne une perpendiculaire de 3. Celle-ci détermine un point vers l'extrémité inférieure du sillon de Rolando pas tout à fait au bout de ce sillon ». La tête doit être dans le regard horizontal. — Pour la femme, d'après le même auteur, les mesures doivent être de 65 millim. sur la ligne horizontale et de 3 centim. sur la verticale. — Mais la ligne horizontale est difficile à tracer ; aussi RANNEY conseille-t-il sur le vivant de mener à partir de l'apophyse orbitaire externe une parallèle à la ligne qui unit l'extrémité des incisives supérieures au point le plus inférieur de l'apophyse mastoïde. La ligne ainsi tracée est horizontale et plus facile à mener d'après RANNEY.

POIRIER trouve que c'est encore là bien compliquer la manœuvre. Le procédé de LUCAS CHAMPIONNIÈRE pour le point inférieur lui a donné (7 fois sur 10) de meilleurs résultats que celui du même auteur pour la recherche de l'extrémité supérieure du sillon.

FÉRÉ pour déterminer le point rolandique inférieur commence par tracer, comme d'ailleurs pour toutes ses autres recherches de topographie crânio-cérébrale, les 2 plans glabello-lambdoïdien et auriculo-bregmatique. « L'extrémité inférieure du sillon de Rolando se trouve de 45 à 55 millim en arrière de l'apophyse orbitaire externe à peu près à 1 centim. au-dessus du plan glabello lambdoïdien et sensiblement à la même distance en arrière du plan vertical ou auriculo-bregmatique.

— Ce procédé nécessite la construction de deux plans difficiles à tracer, surtout si l'on se contente dans tous les cas de rechercher la situation du lambda avec le doigt, ce qui n'est pas toujours aussi facile que le dit Féré (1). Quant au bregma. nous l'avons déjà vu, Féré lui-même reconnaît combien il est difficile de le percevoir sur le vivant.

Les auteurs allemands, Bergmann, Merkel élèvent sur une ligne horizontale une perpendiculaire, partant de l'articulation temporo-maxillaire ; cette perpendiculaire vient couper l'extrémité inférieure du sillon de Rolando à 5 centim. au-dessus de l'articulation.

Poirier trouve cette méthode très inexacte et place l'extrémité inférieure du sillon non à 5 centim., mais bien à 7 et quelquefois 8 centim. au-dessus de l'articulation.

Reid use d'un procédé analogue. Il trace une ligne basilaire, menée de la partie inférieure du bord sous-orbitaire au milieu du méat auditif ; sur cette ligne et par la dépression antitragienne, il élève une perpendiculaire. Le point où celle-ci coupe la scissure de Sylvius (déterminée préalablement par Reid) correspond à l'extrémité inférieure du sillon de Rolando ou plutôt au point où celui-ci aboutirait si on le prolongeait jusqu'à la scissure de Sylvius.

Dana conseille de tracer une ligne du stéphanion à l'astérion et une seconde ligne du méat auditif externe au bregma. Le point d'intersection sera juste au-dessus de l'extrémité inférieure du sillon de Rolando à un cent. environ de la scissure de Sylvius. L'astérion se sent facilement d'ordinaire juste en arrière de la partie supérieure de l'apophyse mastoïde.

---

(1) Pour Poirier on peut souvent trouver le lambda à travers les téguments ; si on n'y arrive pas il faut savoir que la distance qui le sépare de l'inion est de 6 à 7 centim.

Anderson et Makins ont cherché non point l'extrémité inférieure du sillon de Rolando, mais, comme Reid, le point où le sillon prolongé aboutirait à la scissure de Sylvius ; ce point siégerait sur ce qu'ils appellent la « ligne squameuse », entre le point de jonction de cette ligne avec la « ligne frontale » et un autre situé à 3/4 de pouce (1cent.90) en avant. On le découvrirait donc suivant eux en appliquant le trépan à 3/8 de pouce (0cent.95) en avant du point de jonction ; les mêmes auteurs auraient, 3 fois, trouvé le sillon de Rolando prolongé réellement jusqu'à la scissure de Sylvius (1). Au reste cette extrémité inférieure du sillon semble à Poirier être moins fixe que la supérieure. (V. fig. 7 et 8).

Chiarugi, 1886, a mesuré les distances qui la séparent de la glabelle.

Il a obtenu :

Brachycéphales	104,9
Dolichocéphales	102,1
Hommes	107,3
Femmes	103

25 fois sur 25, Poirier a réussi à tomber exactement sur la partie inférieure du sillon de Rolando, en se comportant de la façon suivante : il reconnaît et trace au crayon, l'arc zygomatique ; il élève sur cet arc une perpendiculaire passant exactement au devant du tragus dans la dépression préauriculaire ; puis il compte, à partir du trou auditif, 7 centim. sur cette perpendiculaire. Pour les enfants au lieu de 7 centim. il fait mesurer les 7/17 de la perpendiculaire prolongée jusqu'à la ligne sagittale, ce qui revient à prendre à partir du trou

(1) Nous avons également trouvé plusieurs fois cette disposition qui ne nous paraît pas aussi rare qu'on le croit généralement.

auditif la moitié moins un travers de doigt de la distance auri-sagittale, procédé vrai pour tous les âges.

Nous verrons à propos du trajet du sillon de Rolando que la plupart des auteurs anglais et américains déterminent son extrémité inférieure d'une façon indirecte.

Nous avons recherché la valeur de la distance rolando-coronale inférieure. Nous l'avons trouvée de 29 à 30 millim. un peu plus forte (1 millim. ou 2) chez les dolichocéphales que chez les brachycéphales, comme la distance rolando-bregmatique. La distance qui sépare l'extrémité inférieure du sillon de Rolando de l'apophyse orbitaire externe est, d'après nos observations, de 60 à 61 millim., plus forte chez les dolichocéphales que chez les brachycéphales.

Quant à la détermination de l'extrémité inférieure de la scissure sur le vivant, nous indiquerons à propos du trajet de la scissure le procédé que nous conseillons.

3° Trajet de la scissure.

Détermination du trajet de la scissure de Rolando.

Entre ses deux extrémités, le sillon de Rolando ne parcourt pas un trajet rectiligne ; il affecte souvent les formes les plus bizarres, comme Anderson et Makins l'ont montré dans une figure où ils représentent un certain nombre de sillons pris au hasard.

Néanmoins, certaines courbures paraissent plus fréquentes, c'est ainsi que Broca, en 1876, a décrit une flexuosité du sillon au niveau de l'extrémité de la 2e circonvolution frontale ; courbure qui rapprocherait le sillon de la suture coronale, quelquefois assez pour qu'il soit plus près de la suture en son milieu qu'à son extrémité inférieure. En 1861 Broca disait : « à 4 centim. de la ligne médiane, le sillon n'est plus situé qu'à 2 centim. au moins, 3 au plus en arrière de la suture. »

Müller parle d'une courbure fréquente en sens opposé.

Anderson et Makins ont généralement trouvé : 1° une forte courbure à convexité postérieure dans le 1/3 supérieur ; 2° une autre moins accusée, moins constante et en sens inverse de la première, située près de l'extrémité inférieure.

Bien d'autres auteurs ont écrit sur le trajet du sillon de Rolando, mais, pour ne pas sortir de notre sujet, nous allons nous occuper de la manière de déterminer une « ligne rolandique », donnant sur le crâne la direction moyenne de la scissure en question.

Cette ligne rolandique a été le plus souvent tracée en réunissant par une ligne droite les deux extrémités du sillon préalablement déterminées. C'est le procédé qui paraît le plus simple et le plus précis ; mais depuis quelques années les anatomistes anglais et américains ont cherché l'angle formé par la réunion du Rolando et de la ligne médiane sagittale, et ont appliqué cette donnée pour trouver la situation de la ligne rolandique.

Hare, en 1884, a le premier usé de ce procédé. Il évalue l'angle fait en avant par le Rolando et l'arc sagittal à 67°, et lui reconnaît des variations pouvant aller de 60° à 73°.

Giacomini avait évalué l'angle rolando-sagittal à 60° (57 1/2 à 62 1/2). Hamy à 70°.

En 1888, Hare décrivit un instrument servant à tracer sur le crâne la ligne rolandique d'après l'angle rolando-sagittal. Cet instrument est le cyrtomètre du Dr Claude Wilson dont l'idée première serait due au professeur Chiene. Il se compose de trois tiges de fer doux nickelé. La plus large est appliquée autour de la tête, dans le plan glabello-iniaque. Sur elle tombe perpendiculairement une branche plus étroite, et qui doit se placer le long de la ligne sagittale à partir de la glabelle. Sur cette branche sont gravées deux séries de lettres, majuscules et minuscules, placées de façon qu'une majuscule étant sur l'inion, à l'extrémité de l'arc sagittal, la minuscule correspondante soit aux 557/1000 de l'arc, et indique par conséquent le sommet de la scissure. Enfin, une 3e tige mobile et mince glisse le long de la dernière en faisant avec elle un angle de 67°. La minuscule qui correspond à la majuscule placée sur l'inion étant sous l'extrémité supérieure de cette tige, la scissure correspond à la tige.

HARE donne au sillon une longueur de 3 pouces 3/8 (85^{mm},7), ce qui porte à 7/16 de pouce (11^{mm},1) les variations dans la position de l'extrémité inférieure de la ligne rolandique déterminée par son procédé.

HORSLEY avait, l'année précédente, décrit un appareil analogue. Sur une tige en fer doux nickelé de 10 pouces que l'on place sur la ligne sagittale, s'articulent deux tiges plus courtes faisant chacune avec la première un angle en avant de 67°. Ces branches courtes sont graduées en pouces. Le sommet de l'angle se place 1/2 pouce (12^{mm},7) derrière la ligne médiane sur l'arc sagittal. La graduation permet de mesurer la longueur de la ligne rolandique, et de fixer ainsi l'extrémité inférieure du sillon.

Le cyrtomètre de DANA consiste également en deux tiges articulées l'une sur l'autre sous un angle de 67°, et dont l'une se place sur la ligne sagittale, tandis que l'autre indique la ligne rolandique. C'est, en somme, l'appareil de HARE, mais DANA y remplace les lettres majuscules et minuscules par des chiffres correspondant aux longueurs de l'arc. En outre, il a ajouté une branche qui permet de déterminer la scissure de Sylvius.

Cet instrument permet de déterminer les 2/3 supérieurs du sillon, environ 56 millim., selon DANA ; le 1/3 inférieur, environ 21 millim, a une direction un peu plus verticale que la tige. Le sillon aurait une longueur totale de 85 millim.

ANDERSON et MAKINS ont mesuré l'angle rolando-sagittal avec des goniomètres faits de segments de voûte crânienne. Sur 8 têtes (16 scissures), ils l'ont trouvé entre 55° et 70°, sur 12 autres entre 60° et 65°.

POIRIER a trouvé des variations assez étendues de l'angle rolando-sagittal mesuré chez 50 sujets.

Le premier qui ait cherché à déterminer le sillon de Rolando au moyen d'un angle est GIACOMINI (1882). Il conseille de prendre sur l'arc vertical bi-auriculaire un point situé à mi-distance de la ligne sagittale et du méat auditif, et de ce point, de tracer en arrière et en haut une ligne qui fasse avec l'arc un angle de 30 à 35 degrés

En 1886, dans un but différent de celui poursuivi par HARE, CHIARUGI avait cherché la valeur de l'angle rolando-sagittal. Il avait également indiqué les longueurs du sillon de Rolando. Voici ses résultats d'après des expériences sur 21 crânes (1) :

Brachycéphales	64°,4
Dolichocéphales	63°,6
Hommes	65°,1
Femmes	63°,8
Différences maxima	9°

Longueurs de la scissure :

	relatives	absolues
Brachycéphales	82mm,7	114mm,7
Dolichocéphales	79mm,1	114mm,5
Hommes	83mm,9	115mm,3
Femmes	80mm,7	114mm,4

Nous avons également mesuré l'angle rolando-sagittal. Nous nous sommes servi d'un instrument dû au Pr DEBIERRE et dont nous donnons la photographie (voy. pl. I, T). Le *goniomètre céphalique*, comme l'a appelé son inventeur, se compose essentiellement d'un rapporteur circulaire dont on peut fixer facilement le centre sur le point correspondant au sommet du Rolando préalablement déterminé. Une branche flexible se place le long du trajet du Rolando et est prolongée au-delà du

(1) Les 21 sujets étaient : brachycéphales 16, dolichocéphales 5, hommes : 6, femmes : 15.

centre (dans l'autre moitié du diamètre) par une branche rigide qui donne sur le rapporteur des indications très nettes, de sorte que l'instrument peut servir soit à déterminer l'angle, soit, l'angle étant déterminé, à trouver le sillon sur un crâne recouvert des téguments. Nous avons obtenu comme résultats :

Angle	68°,1
Minimum	64°
Maximum	74°
Brachycéphales	68°,1
Dolichocéphales	68°,1

Contrairement à l'opinion de HARE, nous avons trouvé que déterminer le trajet du sillon de Rolando au moyen de l'angle qu'il forme avec le plan médian sagittal est un procédé peu précis. L'angle par lui-même est assez variable ; et, en outre, malgré l'emploi des goniomètres, il est toujours un peu difficile de mesurer un angle sur une surface courbe ; c'est pourquoi, après maintes recherches, nous avons adopté le procédé suivant très simple, très facile à exécuter et ne nécessitant pas l'usage d'instruments spéciaux. Nous déterminons d'abord le point correspondant au sommet du sillon de Rolando sur la ligne sagittale, d'après les indications que nous avons données à propos de sa position relative sur cette ligne ; nous joignons ensuite directement ce point à un autre situé sur le milieu du bord supérieur de l'arcade zygomatique, toujours facile à trouver sur le crâne. La ligne obtenue par ce procédé correspond aussi exactement que possible à la ligne rolandique, et les trépanations que nous avons pratiquées pour vérifier son exactitude nous ont donné les résultats les plus satisfaisants.

Si l'on veut connaître la situation exacte de l'extrémité inférieure du sillon de Rolando, il suffit de tracer la ligne « orbito-lambdoïdienne », qui correspond à la scissure de Sylvius (V. Scissure de Sylvius), et de prendre sur la « ligne rolandique » un point situé de 10 à 15 millim. au-dessus de cette dernière ligne. (Voy. fig. 15).

CHAPITRE IV.

SCISSURE DE SYLVIUS.

Rapports avec le crâne.

Cette scissure n'est pas en totalité à la surface externe du cerveau, sa première partie est en rapport avec la base du crâne et ne nous occupera pas ; aussi, considérerons-nous comme scissure de Sylvius seulement sa portion externe. Cette portion externe se divise en deux parties : l'une, scissure de Sylvius proprement dite, branche horizontale, et l'autre, branche verticale de la scissure, beaucoup plus petite et même inconstante.

La partie antérieure de la scissure de Sylvius répond à la ptère. Comme De la Foulhouze l'a fait remarquer (1876), cette disposition est nécessitée par la base du crâne : les apophyses d'Ingrassias pénétrant dans la fosse de Sylvius, il s'ensuit que la scissure de Sylvius sera toujours comprise entre les deux angles de la ptère.

Pour Broca (1876), elle est de 4 à 5 millim. en arrière du ptérion ou angle antérieur de la ptère (maximum 15 millim. chez un nègre). Les autres anatomistes n'ont fait évidemment qu'affirmer ce fait (Turner, Horsley, Dana, Poirier).

A peine la scissure de Sylvius a-t-elle commencé son trajet sur la face externe du crâne qu'elle fournit une *branche antérieure verticale*.

Cette branche coïncide assez exactement avec la partie inférieure de la suture coronale. La distance qui l'en sépare est au plus de quelques millimètres (BROCA, 1876). L'endroit où se fait la division en deux branches de la scissure de Sylvius correspond, suivant HEFTLER (1873), au sommet de l'union de la grande aile du sphénoïde avec la suture temporo-pariétale (ou angle postérieur de la ptère), c'est-à-dire à 13 millim. en arrière de la suture fronto-pariétale. C'est aussi l'opinion de POIRIER. D'après HEFTLER encore, la branche antérieure se dirige parallèlement à la suture coronale et monte ensuite en haut et en arrière en finissant sur la ligne courbe temporale. Nous venons de voir que BROCA la plaçait un peu plus en avant.

THANE (1885) place la bifurcation de la scissure de Sylvius à 1 pouce 1/4 (31^{mm},7) en arrière de l'apophyse orbitaire externe, et à 1/4 de pouce (6^{mm},3) au-dessus de son niveau.

HORSLEY (1887) donne à la branche verticale de la scissure de Sylvius une direction autre que celle indiquée par HEFTLER; elle se dirige selon lui en haut et en avant, en prolongeant la direction de la suture sphéno-squameuse, mais commençant à 1 ou 2 millim. en avant d'elle. Elle se trouve immédiatement en avant de l'extrémité inférieure de la suture coronale.

HARE (1888) trouve cette branche en rapport avec la partie supérieure de la suture sphéno-temporale.

Sur 12 crânes, DANA (1889) a trouvé la branche antérieure trois fois immédiatement en arrière de la ptère (et dans ces trois cas la ptère était avancée) ; et neuf fois entre les branches de la ptère.

La *branche principale* de la scissure de Sylvius correspond en avant à la partie antérieure de la suture écailleuse d'après BISCHOFF (1868). Le trajet moyen, selon HEFTLER (1873) coïncide avec la même suture.

Pour TURNER (1873), la scissure, après avoir passé entre les deux branches de la ptère gagne la suture squameuse, passe obliquement sous la partie supérieure et antérieure de l'écaille temporale, puis croise de nouveau la suture, et sort sous le pariétal.

Ecker (1876) fait passer la scissure et la suture au même niveau d'abord, puis la suture quitte à angle aigu la scissure pour passer en-dessous sur le lobe temporal.

De la Foulhouze (1876), sur 9 sujets, a toujours trouvé la scissure de Sylvius au-dessus du point culminant de la suture écailleuse, à une distance qui a varié entre 0 et 10 millim.

Pour Broca (1876), l'extrémité de la scissure se trouve approximativement sur la ligne qui réunit le stéphanion à la « fiche lambdoïdienne moyenne », et c'est au moyen de sa distance à ces deux points qu'il fixe la position de l'extrémité de la scissure. La ligne est à peu près horizontale. Broca n'a pas donné de chiffres.

Pozzi (1877) admet que le trajet moyen de la scissure dépasse presque toujours plus ou moins la suture, surtout en arrière.

Féré (1881-1886) dit que dans les deux sexes, la scissure de Sylvius, dans sa moitié antérieure, suit assez exactement la suture, puis qu'elle se recourbe en haut en se dirigeant au-dessous et en arrière de la bosse pariétale.

Horsley (1887) fait passer la scissure, comme presque tous les anatomistes, très près de la suture squameuse : elle passe à 1/2 millim. environ au-dessus de cette dernière qu'elle suit jusqu'à son point culminant, et de là s'incurve un peu en haut vers le centre de la bosse pariétale qu'elle atteint presque.

Pour Hare (1888), la scissure passe au sommet de la suture, d'où elle remonte vers la bosse pariétale.

Pour Poirier (1890), elle va d'abord rejoindre l'angle postérieur de la ptère (union des sutures temporo-pariétale et sphéno-pariétale), et suit dès lors la suture sur une longueur d'environ 4 centim. Assez souvent elle est un peu plus élevée que cette dernière. Elle l'abandonne ensuite et se dirige très obliquement en haut et en arrière, pour aller se terminer un peu au-dessous et en arrière de la bosse pariétale.

Nous avons pris, en vue de déterminer les rapports de la scissure de Sylvius, un certain nombre de mensurations qui nous ont donné les résultats suivants (V. les tableaux) :

L'origine de la scissure de Sylvius se trouve en moyenne à 27 millim. de l'apophyse orbitaire externe ; la scissure passe ensuite toujours *au-dessus* de la suture temporale, pour se trouver de 4 à 5 millim. au-dessus d'elle, environ au niveau du point le plus élevé de la suture ; elle fait dans cette première partie de son trajet un angle de 59°8 en moyenne avec le plan orbito-auriculaire, toujours facile à tracer ; arrivée au niveau de la verticale qui passe par le milieu du méat auditif, elle se trouve à une hauteur de 6 centimètres au-dessus de ce méat ; sa partie postérieure fait avec le sillon de Rolando un angle très variable d'environ 50° ; l'extrémité de la scissure de Sylvius se trouve à une distance très peu constante de la scissure de Rolando et de la suture sagittale; son trajet moyen correspond assez exactement à une ligne qui va de l'apophyse orbitaire externe (à l'endroit où son bord postérieur se recourbe pour former le commencement de la ligne courbe temporale), au lambda, et son extrémité postérieure se trouve sur une ligne qui réunit le sommet du sillon de Rolando à l'astérion. Nous indiquerons dans quelques instants comment, à l'aide de ces données, nous déterminons sur le crâne la scissure de Sylvius.

Détermination de la scissure de Sylvius.

Les rapports que nous venons d'indiquer pourront aider dans la recherche de la scissure de Sylvius le chirurgien qui a mis une partie du crâne à nu, et lui montrer s'il est dans la bonne voie, mais ne permettent absolument pas de déterminer sur le crâne recouvert de téguments la position de cette scissure les sutures étant à ce niveau profondément cachées sous le muscle temporal. C'est pourquoi on a cherché plusieurs procédés que nous allons exposer.

HARE (1889) trace une ligne allant de l'apophyse orbitaire externe à l'inion. En arrière du premier point, il prend 1 pouce 1/8 (28mm6) sur cette ligne. Le point ainsi trouvé correspond à l'extrémité antérieure de la scissure de Sylvius. (Sur 11 cas, la scissure a été une fois portée à 1/8 de pouce en avant ; c'est la plus grande variation observée par HARE). Pour trouver la direction de la scissure, HARE tire de ce premier point une ligne droite vers la bosse pariétale.

REID (1884), dans le même but, trace une ligne partant d'un point situé à 1 pouce 1/4 (31mm7) en arrière de l'apophyse orbitaire externe, et aboutissant à 3/4 de pouces (19mm) au-dessous de la bosse pariétale. En outre, il détermine la branche ascendante de la scissure en menant une ligne verticale d'environ 1 pouce (25mm4) et partant d'un point situé à 3/4 de pouce (19mm) en arrière de l'extrémité antérieure de la première ligne, c'est-à-dire deux pouces (50mm8) en arrière et un peu au-dessus de l'apophyse orbitaire externe.

Pour déterminer la position de la première partie de la scissure de Sylvius, FÉRÉ trace d'abord les deux plans : auriculo-bregmatique de BUSK et glabello-lambdoïdien de HAMY. Le glabello-lambdoïdien « passe très près, assez souvent à quelques millimètres au-dessus de la partie supérieure de l'écaille temporale, dont le point culminant correspond à peu près à l'endroit où elle est coupée par le plan auriculo-bregmatique. Le point d'intersection des deux plans, vertical et horizontal, peut donc, avec la région ptérique, donner la direction approximative de la scissure de Sylvius dans sa première portion, la scissure se trouvant à 2 ou 3 millim. de la ligne indiquée par ces points ».

Le même reproche peut être fait à ce procédé qu'à celui dont

Féré s'est servi pour la recherche du sillon de Rolando, c'est la difficulté de déterminer les deux plans.

Horsley (1887) détermine l'origine de la scissure de Sylvius en déterminant le ptérion qui lui correspond. Le ptérion est à mi-distance d'une ligne verticale située entre le stéphanion et le bord supérieur du milieu de l'arcade zygomatique. D'après Horsley, on peut facilement trouver le stéphanion en suivant d'une part la suture coronale, facile à sentir avec le doigt et d'autre part ligne courbe temporale que l'on rend sensible en faisant contracter le temporal. Nous ne croyons pas que ce procédé suffise à déterminer le stéphanion, pour la seule raison qu'il arrive parfois que même sur le crâne nu, on ne peut le trouver.

Anderson et Makins (1889) pour déterminer la scissure commencent par construire « une ligne frontale », menée d'un point mi-sagittal au devant du conduit auditif externe « point antitragien » (Voy. fig.7 et 8) ; puis ils mènent une « ligne squameuse », partant de l'apophyse orbitaire externe, et passant par l'union du 1/3 inférieur avec le 1/3 moyen de la ligne frontale. Pour ces auteurs, l'extrémité antérieure (apparente) de la scissure se trouve sur « la ligne squameuse » de 1 pouce 1/8 à 1 pouce 1/2 ($28^{mm}6$ à $38^{mm}1$) au delà de l'apophyse orbitaire externe, ou environ à 5/12 de la distance de l'apophyse à la « ligne frontale » (V. fig. 5 et 6).

La bifurcation de la scissure est située sur la « ligne squameuse » entre 1 pouce 1/2 (38^{mm},1) et 2 pouces (50^{mm},8) en arrière de l'apophyse orbitaire externe ou à 7/12 de la distance de cette apophyse à la « ligne frontale ».

Le trajet de la branche horizontale entre la bifurcation et la ligne frontale correspond presque à la ligne squameuse, et il correspond au prolongement de cette ligne en arrière sur une longueur égale. La scissure tourne ensuite en haut environ 1/2 pouce ($12^{mm}7$) parallèlement à la ligne frontale. Mais cette terminaison est si inexacte, qu'un cercle d'un pouce de

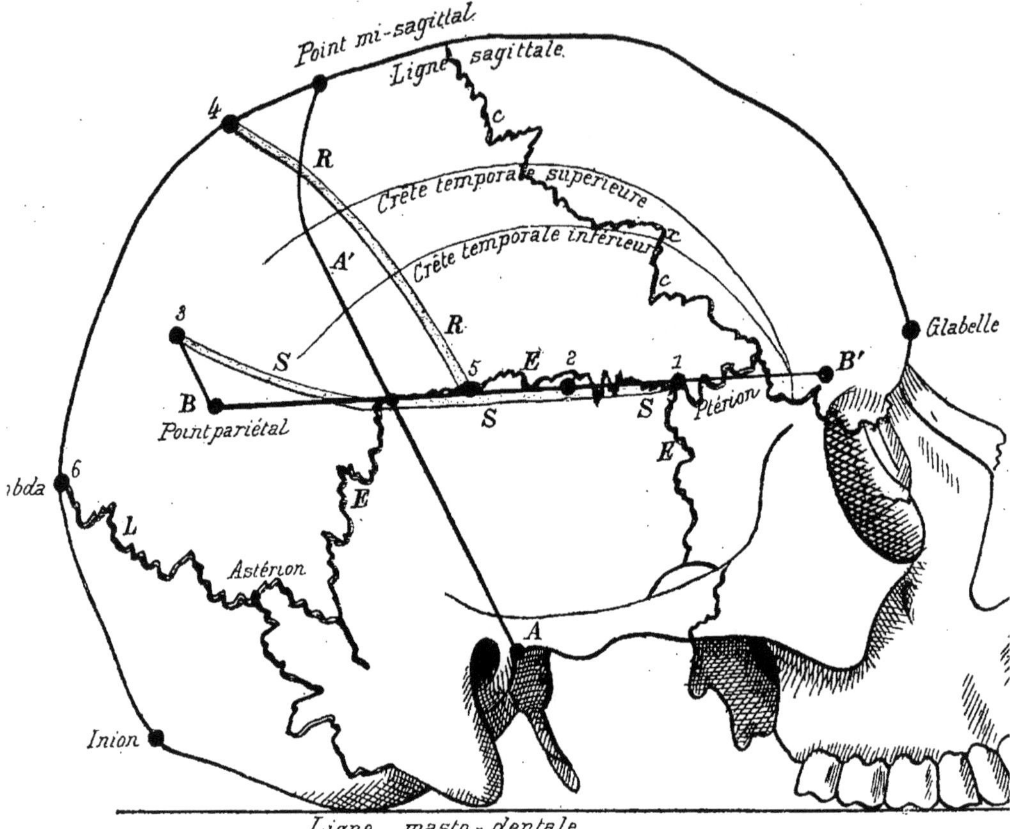

Fig. 7. — Détermination des sillons et circonvolutions du cerveau sur le crâne mis à nu. — Les scissures sont représentées en bleu et les sutures en rouge. (D'après W. Anderson et G. Makins).

B B', ligne squameuse ou oblique; — A A', ligne frontale; — R R, sillon de Rolando; — S S S, scissure de Sylvius; — L, suture lambdoïde; — E E E, suture temporale; — c c, suture coronale; — x, stéphanion. — 1, commencement de la suture de Sylvius (à 5/12 de la distance du point angulaire B' au point squameux, situé à l'intersection des deux lignes frontale et squameuse); — 2, bifurcation de la scissure de Sylvius (aux 7/12 de la même distance); — 3, terminaison de la scissure de Sylvius, à 1/2 pouce (12^{mm},7) du point pariétal B, mesuré sur une ligne parallèle à la ligne frontale; — 4, extrémité supérieure du sillon de Rolando, à 3/8 de pouce (9^{mm},5) en arrière du point mi-sagittal; — 5, extrémité inférieure du sillon de Rolando, à 3/8 de pouce (9^{mm},5) en avant du point squameux (sur la ligne squameuse); — 6, scissure pariéto-occipitale, aux 7/12 de la distance entre le point mi-sagittal et le point iniaque.

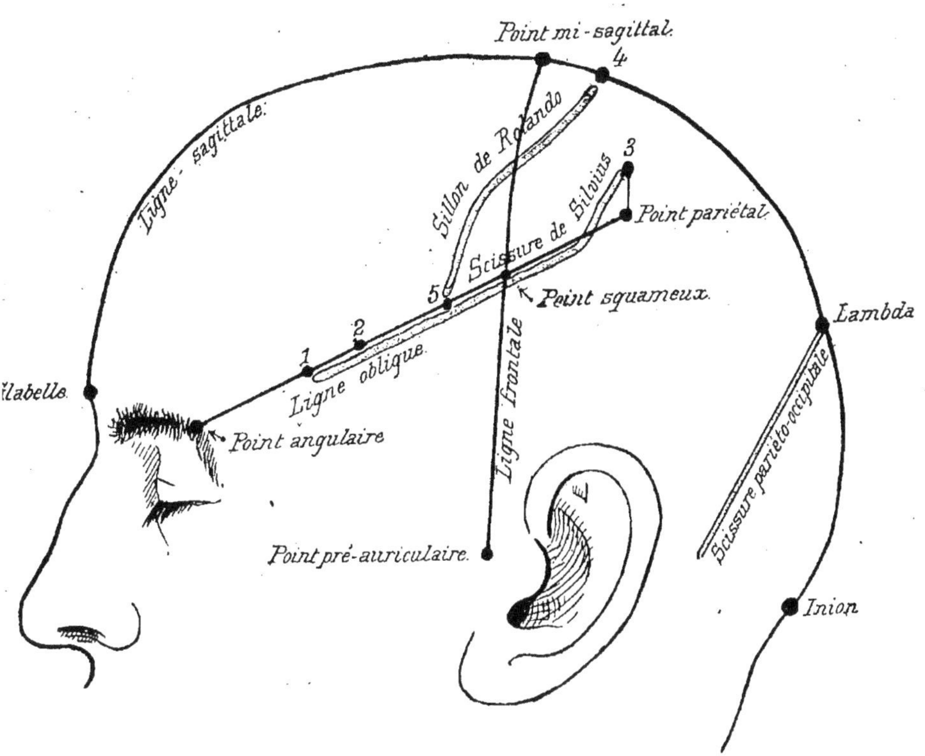

FIG. 8. — Détermination des scissures sur le crâne recouvert de ses téguments. — Les scissures sont rep ésentées en bleu. (D'après W. ANDERSON et G. MAKINS).

1, commencement de la suture de Sylvius (à 5/12 de la distance du point angulaire B′ au point squameux, situé à l'intersection des deux lignes frontale et
squameuse) ; — 2, bifurcation de la scissure de Sylvius (aux 7/12 de la même
distance) ; 3, terminaison de la scissure de Sylvius, à 1/2 pouce (12^{mm},7)
du point pariétal B, mesuré sur une ligne parallèle à la ligne frontale ; —
4, extrémité supérieure du sillon de Rolando, à 3/8 de pouce (9^{mm},5) en
arrière du point mi-sagittal ; — 5, extrémité inférieure du sillon de Rolando,
à 3/8 de pouce (9^{mm},5) en avant du point squameux (sur la ligne squameuse).

diamètre n'a pas suffi à couvrir toutes les variations que les deux auteurs ont trouvé dans leurs 20 sujets. La bosse pariétale est presque toujours située près du point en question.

Dana (1889) a indiqué un long procédé de détermination de la scissure de Sylvius. Il trace d'abord une ligne verticale du stéphanion au milieu de l'arcade zygomatique. Puis, il mène de l'apophyse orbitaire externe une ligne horizontale jusqu'à la partie la plus élevée de la suture squameuse, ligne qu'il prolonge en arrière en la recourbant graduellement de façon à atteindre la bosse pariétale. Le point de jonction des deux lignes se trouve à l'origine de la scissure de Sylvius. La ligne verticale correspond à peu près à la branche antérieure ou verticale de la scissure, qui est cependant située un peu plus en avant et qui a environ 25 millim. d'étendue. La partie postérieure de la ligne horizontale marque la position de la branche postérieure de la scissure.

Ce procédé n'est pas plus pratique que celui de Horsley. Dana a adopté la méthode du chirurgien anglais pour déterminer le ptérion. Il considère la règle posée par lui comme assez exacte pour être adoptée, bien qu'il n'ait pas toujours trouvé le ptérion à la place indiquée. Le ptérion est situé à 45 millim. de l'apophyse orbitaire externe, entre 35 et 58 millim. Nous aimerions mieux ce procédé de détermination, bien que le ptérion ait une situation très variable par rapport à l'apophyse ; pour Féré, la distance de l'un à l'autre ne serait que de 18 millim.

Dana a ajouté à son cyrtomètre une tige mobile sur la branche horizontale de l'instrument. Cette tige doit être placée de façon que son extrémité soit au niveau de l'apophyse orbitaire externe. Son bord supérieur indique le trajet de la scissure de Sylvius quand son bord inférieur passe tangentiellement à la suture squameuse. Mais Dana n'indique pas quel angle doit faire cette tige avec la branche horizontale.

Poirier, après avoir reproché au procédé de Hare d'avoir recours à un point de repère aussi difficile à trouver que l'est la bosse pariétale, conseille le procédé suivant : faites passer un plan par la suture naso-frontale et le sommet du lambda : ce plan coupera le crâne suivant une ligne naso-lambdoïdienne qui suit sur une longueur de 4 à 6 cent. la portion externe de la scissure de Sylvius jusqu'au-dessus du conduit auditif. Cette ligne, qui aurait l'avantage d'être des plus faciles à tracer, passerait en moyenne (d'après des mesures prises sur 25 crânes) à 6 cent. au dessus du trou auditif. Quant au lambda, Poirier le place à 7 centim. au-dessus de l'inion.

Le procédé que nous conseillons pour découvrir la scissure de Sylvius est très analogue à celui du prof. Poirier, mais, au lieu de tracer une ligne naso-lamdoïdienne, nous traçons une ligne « orbito-lambdoïdienne », qui lui correspond sensiblement et est plus facile à conduire. Le point où le bord postérieur de l'apophyse orbitaire externe se relève pour former la ligne courbe temporale se sent bien chez tous les sujets. Pour le lambda, si on ne le sent pas facilement avec le doigt, on peut le déterminer par sa distance de l'inion plus facile à trouver surtout si, à l'exemple de Poirier, on fait fléchir fortement la tête pour tendre le ligament cervical postérieur qui s'insère à cette protubérance.

Le lambda est situé à environ 64 millim. de l'inion chez les brachycéphales, et à environ 72 millim. chez les dolichocéphales. La différence, comme on le voit, mérite d'être notée. Si l'on veut déterminer le lambda par sa situation sur l'arc sagittal en mesures proportionnelles, on saura que la distance inio-lamboïdienne est les 21/100 de l'arc sagittal (20/100 chez les brachycéphales, 22/100 chez les dolichocéphales).

CHAPITRE V.

SCISSURE PERPENDICULAIRE EXTERNE.

Rapports de la scissure.

Gratiolet, en 1857, crut trouver cette scissure très en arrière de la suture lambdoïde ; il en fut étonné car il s'attendait à les voir coïncider.

Pourtant, Broca démontra 4 ans plus tard qu'elles se correspondent presque toujours. Elles sont rarement éloignées de plus de 5 millimètres, jamais de 15. La scissure peut être en avant (1 à 4 millim.) quelquefois en arrière ; exceptionnellement elle croise obliquement la suture (Broca).

Heftler en 1873, remarqua à son tour que le sommet de la scissure, se trouve assez souvent au niveau de la suture et que son trajet lui correspond ou la croise.

Pour Féré la scissure occipitale externe répond dans les deux sexes à peu près constamment au lambda. Il observa cette disposition 35 fois sur 54 femmes et 4 fois sur 8 hommes. Dans 21 cas la scissure était en avant (de 1 à 4 millim.) ; dans deux cas elle était en arrière (2 à 3 millim.).

Broca et de la Foulhouze (1876) firent remarquer une obliquité assez fréquente de la scissure par rapport à la surface, si bien qu'une fiche enfoncée à un centimètre en dehors de la ligne médiane sur la lambda (fiche lambdoïdienne), tombe fréquemment à 3 ou 4 millimètres en arrière de la scissure qui pourtant est traversée profondément. — La « fiche temporale » leur fit faire la même remarque à propos de la scissure de Sylvius. — Chez 5 adultes et 4 vieillards DE LA FOULHOUZE n'a jamais rencontré la scissure en arrière de la suture.

(Distances : en dedans : adultes : 0, 0, 0, 3, 15 (chez un nègre) ; vieillards : 7, 10, 4, 15 ; et en dehors : adultes : 15, 9, 0, —3, 12 ; vieillards : 17, 9, 0, 18).

TURNER (1874) place la scissure en avant de la suture, en dedans à 0,7 ou 0,8 pouce (18 à 20 millim.). Il reconnaît les variations dues aux différences individuelles 1° dans la conformation du cerveau ; 2° dans le mode d'ossification de l'écaille occipitale à sa partie supérieure.

ECKER (1876) a trouvé chez un allemand la scissure à 7 millimètres en avant de la suture. La scissure et la suture se correspondaient à peu près.

POZZI (1877) admet les résultats de BROCA. La déformation du cerveau serait d'après lui la cause d'erreur dans les résultats donnés par le procédé de TURNER (1).

HARE (1884) a vu la scissure perpendiculaire externe et la suture lambdoïde coïncider dans un cas. Mais dans 10 autres, la scissure était en moyenne antérieure de 5/8 de pouce (16 millimètres). En 1888, il porte ces chiffres à 1/4 ou 1/2 pouce (6^{mm},3 à 12^{mm},7).

PASSET place la scissure en avant de la suture de :

Hommes......	Brachycéphales	0^{mm},6
	Dolichocéphales.........	0 ,2
Femmes.......	Brachycéphales	0^{mm},9
	Dolichocéphales.........	0 ,3

HORSLEY (1887) place la scissure à 2 ou 3 millim. en avant du lambda.

(1) Une erreur typographique semble avoir dénaturé les conclusions de Turner dans l'ouvrage de Pozzi.

Dana (1889), un peu en avant.

Pour Poirier (1890), elle répond à peu près exactement au lambda, mais il l'a souvent trouvée de 2 à 5 millim. en avant.

Détermination de la scissure.

Mais ces rapports quelqu'intéressants qu'ils soient ne nous permettent pas toujours de déterminer sur le crâne recouvert de téguments la situation de la scissure.

Le lambda se sent rarement en effet sans difficulté. Même sur le crâne nu sa position est quelquefois impossible à reconnaître, par disparition de la suture. Aussi plusieurs procédés ont-ils été successivement employés pour cette détermination. Ainsi Féré (1876), qui pour trouver la scissure prend le lambda comme point de repère, reconnaît les difficultés qui s'opposent parfois à sa détermination Il conseille alors de mener un plan par la glabelle d'une part et par le diamètre transverse frontal minimum d'autre part; ce plan passera par le lambda ; ce sera le plan glabello-lambdoidien. Mais ce procédé est-il bien pratique ?

Pour Reid la situation de la scissure est des plus variables ; pour la déterminer il prolonge jusqu'à la partie médiane une ligne droite passant par un point situé à un pouce 1/4 (32 mill.) en arrière de l'apophyse orbitaire externe, et par un second point à 3/4 de pouce (19 millim.) en dessous du sommet de la bosse pariétale.

Dana fait observer combien Reid place la scissure en avant du lambda. La bosse pariétale, en outre, nous le verrons plus loin, est le plus souvent impossible à déterminer.

Hare (1884), use d'un procédé tout différent. Il trace préalablement la scissure de Rolando, puis mesure la distance de la scissure perpendiculaire externe à ce sillon. Cette distance varie de 1 1/2 à 2 1/2 de pouce (38 millim. à 57 millim.) d'après ses recherches sur onze individus. La moyenne est donc de 1 7/8 (48 millim.). — En 1888, il évalue la distance à 2 pouces (50mm,8). Ce chiffre nous paraît encore infiniment trop faible.

Passet a indiqué comme distances du sillon de Rolando à la suture lambdoïde les longueurs suivantes :

Extrémité inférieure.	Hommes...	Brachycéphales..	94mm,8
		Dolichocéphales.	104 ,8
	Femmes....	Brachycéphales..	93mm,3
		Dolichocéphales.	88 ,6
Extrémité supérieure du sillon.	Hommes...	Brachycéphales..	66mm,4
		Dolichocéphales.	73 ,1
	Femmes....	Brachycéphales..	59mm,5
		Dolichocéphales.	63 ,5

Anderson et Makins (1889), placent la scissure aux 7/12 de la distance entre le point sagittal moyen et l'inion. Pour la découvrir, ils conseillent toutefois de l'écarter un peu de la ligne médiane, afin d'éviter le sinus longitudinal. Le point déterminé par ce procédé se trouve très près du lambda. Pour trouver celui-ci il suffit de mesurer sur la ligne médiane, à partir de l'inion, un peu moins de 1/5 de la distance glabello-iniaque. Les résultats ainsi obtenus, peuvent varier de 7/8 de pouce (22 millim.).

Enfin, Dana conseille le procédé suivant :

Cherchez le lambda et déterminez un point à 3 millim. en avant de lui ; tirez de ce point une ligne faisant un angle droit avec la scissure interhémisphérique et s'étendant à environ 22mm,5 de chaque côté de la ligne médiane. Si vous ne pouvez reconnaitre directement la situation du lambda, mesurez l'arc naso-occipital et prenez-en les $\frac{22,8}{100}$ à partir de l'Inion. Cette longueur indique d'après Bénédikt la distance du lambda à l'inion ; elle est en moyenne de 7cm.,42 chez l'homme adulte ; elle est d'un peu plus de 1 millim. plus grande chez la femme (DANA). Ces chiffres sont un peu plus forts que ceux que nous avons obtenus (V. scissure de Sylvius).

En somme, la scissure perpendiculaire interne se trouve un peu en avant du lambda (0mm,6 chez les dolichocéphales, 1mm,6 chez les brachycéphales, d'après nos recherches). Il faut donc, pour la déterminer, rechercher le lambda. Nous ne reviendrons pas sur les procédés employés pour cette recherche, nous les avons énoncés plus haut.

La scissure a une direction perpendiculaire à la ligne médiane, aussi, pour la tracer sur le crâne, conseillons-nous de la tracer des deux côtés, à droite et à gauche de la suture sagittale ; les erreurs apparaissent plus facilement de la sorte. La ligne de la scissure prolongée doit aboutir à l'astérion. Ce point est un de ceux qu'on peut le plus facilement trouver sur le crâne. Il est situé juste en arrière de la base de l'apophyse mastoïde, et correspond à une dépression souvent assez profonde. Quand on ne le sent pas avec le doigt, on peut néanmoins fixer sa position en sachant qu'il est situé à peu près au niveau du bord supérieur de l'arcade zygomatique, et sur le prolongement du bord postérieur de l'apophyse mastoïde.

CHAPITRE VI.

SILLONS ET CIRCONVOLUTIONS DU LOBE FRONTAL.

Le lobe frontal est situé en avant de la scissure de Rolando. Sa face externe, la seule que nous ayons à considérer, comprend quatre circonvolutions, qui sont : la frontale ascendante et les 3 circonvolutions frontales désignées sous le nom de 1re, 2e, 3e circonvolutions frontales (antéro-postérieures) en commençant par en haut.

Frontale ascendante et sillon précentral.

Cette circonvolution, que tous les auteurs ne regardent pas comme faisant partie du lobe frontal, court en avant du sillon de Rolando et en arrière des 3 circonv. frontales, dont elle est séparée par le sillon précentral, prérolandique, ou frontal transverse.

Heftler, en 1873, a trouvé ce sillon à une distance de 20 à 40 millim. en arrière de la suture coronale à la partie supérieure et à 10 millim. environ à la partie inférieure. Turner indique que la circonvolution frontale ascendante se trouve dans ce qu'il appelle l' « aire antéro-pariétale », c'est-à-dire derrière la suture coronale, le 1/3 inférieur dans l'aire inférieure, et les 2/3 supérieurs dans l'aire supérieure.

Mais il la recule un peu, puisqu'il place les origines des

3 circonvolutions frontales en arrière de la suture coronale aux distances suivantes : pour la 1re, 1 pouce, 2 ou 1,3 (30[mm],5 à 33) ; pour la 2e, 1 pouce environ (25[mm],4) et pour la 3e, un peu moins d'un pouce.

De même Broca, de la Foulhouze et la plupart des auteurs qui se sont occupés de la question ont trouvé inutile de déterminer cette circonvolution et le sillon plus ou moins complet qui la borde en avant, étant connu qu'ils sont parallèles à la scissure de Rolando. C'est aussi l'avis de Poirier.

Reid (1884), dit que la circonvolution frontale ascendante occupe parallèlement à la ligne rolandique un espace de 3/4 de pouce (19 millim.)

Pour Horsley (1887), le sillon précentral ou vertical court immédiatement en arrière de la suture coronale, parallèlement au sillon de Rolando. Il court en haut et un peu en arrière, si bien que quand une tangente au bregma se trouve dans un plan horizontal, il occupe une position tout à fait verticale, d'où son nom de sillon vertical. Le sillon monte jusqu'au millieu du pied de la circonvolution frontale moyenne. La largeur de la circonvolution qui sépare le sillon précentral de la scissure de Sylvius est de 1 centim., largeur à peu près constante. La circonvolution a son extrémité inférieure immédiatement sous l'angle antérieur et inférieur du pariétal.

Dana (1889), accepte les résultats obtenus par Horsley ; le sillon se trouverait, selon lui, à 2 millim. en arrière de la suture à son extrémité inférieure ; et à sa partie supérieure, répondant au niveau de la partie moyenne du sillon de Rolando, il serait à 4 millim. en arrière. En résumé, pour Dana, le sillon précentral est parallèle au sillon de Rolando et court de 2 à 2 centim. 1/2 en avant de lui.

Muller (1889), a découvert par son procédé la circonvolution frontale ascendante par les trous 19 et 20, 17 et 18, et quelquefois 13 et 14. (V. fig. 3 et 4).

Première et deuxième circonvolutions frontales et sillons frontaux.

Les sillons frontaux et les circonvolutions frontales présentent tant de variétés dans les différents cerveaux et d'un côté à l'autre d'un même cerveau que l'on ne peut prétendre trouver avec précision leur situation sur le vivant. Néanmoins, certains points de repère ont été donnés qui permettent d'arriver à des résultats assez approchés.

La limite postérieure ou « origine » de ces circonvolutions nous est connue par la situation de la frontale ascendante. Il ne reste donc qu'à voir leur hauteur relative.

Turner les place toutes deux dans la zone antéro-pariétale supérieure en arrière, et les régions frontales supérieure et moyenne ; c'est dire qu'elles sont toutes deux situées au-dessus de la ligne courbe du temporal. La 1re circonvolution frontale supérieure correspondrait à l'aire frontale supérieure et la circonvolution frontale moyenne à l'aire frontale moyenne qu'elle pourrait déborder légèrement en arrière et en bas.

Les recherches de Broca (1876), confirment celles de Turner, le second sillon frontal correspond presque toujours d'une manière assez exacte à la crête temporale de l'os frontal; plus en arrière, ce sillon passe à peu près sous le stéphanion qui serait situé entre la 2e et la 3e circonvolution frontale.

De la Foulhouze, Anderson et Makins, ont trouvé des variations si considérables qu'ils ont renoncé à les déterminer.

Reid (1884), conclut de ses expériences que le premier sillon frontal correspond à une ligne menée du trou sus-orbitaire à 3/4 de pouce (19 millim.) en avant de la ligne rolandique en suivant une direction parallèle à la scissure interhémisphérique, et que le second sillon frontal correspond à la partie antérieure de la crête temporale. C'est, en somme, ce qu'avait dit Turner.

Pour Horsley (1887), le sillon frontal supérieur commence au milieu de l'espace compris entre le sillon de Rolando et une ligne qui continue le sillon précentral. Le sillon frontal inférieur se détache du sillon précentral. Il correspond à la ligne courbe temporale supérieure. Les deux sillons frontaux courent en avant et un peu en bas, parallèlement à la scissure interhémisphérique.

Pour Hare (1888), la partie postérieure du sillon frontal inférieur est à 1/2 pouce au-dessus de la scissure de Sylvius, et le sillon a une direction perpendiculaire à la branche ascendante de la même scissure.

Dana (1889) admet les descriptions de Reid et de Horsley. Il place l'extrémité postérieure du sillon frontal supérieur à 2 centim. ou 2 1/2 en avant du sillon de Rolando. Le sillon inférieur part du sillon précentral, passe un peu au-dessus du stéphanion et suit à peu près la crête temporale.

Dans le procédé de Müller (1889), les trous 1 et 2, 5 et 6, 11 et 12, 3 et 4, 9 et 10 tombent sur les deux circonvolutions frontales supérieures. De même un peu les trous 19 et 20. (V. fig. 3 et 4.)

Les rapports de la bosse frontale avec ces sillons sont assez importants à connaître, car ils semblent différer chez l'enfant et chez l'adulte, comme nous le verrons.

Pour Turner la bosse frontale peut correspondre au sillon frontal supérieur, ou, ce qui ne serait pas rare, à une circonvolution de dédoublement.

Broca trouve le plus souvent la « fiche » frontale dans la 2e circonvolution frontale à l'union du 1/3 antérieur et des 2/3 internes.

Pozzi (1877), d'après l'examen des pièces du laboratoire d'anthropologie, trouve la bosse frontale au niveau de la partie antérieure de la 1re circonvolution frontale.

Poirier (1890) est complètement de l'avis de Broca.

Nous avons généralement trouvé le second sillon frontal un

peu au-dessus de la ligne courbe temporale inférieure, et le plus souvent correspondant à la ligne courbe supérieure. Le 1er sillon frontal est à peu près à égale distance du 2e sillon et de la ligne médiane, généralement un peu plus près de cette dernière.

Troisième circonvolution frontale.

La 3e circonvolution frontale, grâce à l'importante découverte faite par Broca du centre du langage articulé, mérite une description spéciale.

Cette circonvolution sinueuse se compose de diverses parties auxquelles tous les anatomistes ne donnent pas les mêmes noms. La partie qui se trouve située en arrière de la branche verticale se nomme pied de la circonvolution, opercule ou pli operculaire ; immédiatement en avant se trouve le cap ou pli triangulaire ; en avant se trouve le pli orbitaire.

Broca, en 1861, lors de sa découverte du centre de la mémoire motrice des mots, dont il plaça le siége dans le pied de la 3e circonvolution frontale gauche, indiqua la manière de le déterminer sur le crâne : prenez 5 centim. en arrière de l'apophyse orbitaire externe, sur une ligne horizontale : et, au point obtenu, élevez une perpendiculaire sur cette ligne et mesurez 2 centim. Sur le crâne dépouillé des téguments, la partie inférieure de la suture coronale indique la limite antérieure de la région ; la limite inférieure (scissure de Sylvius) se reconnaît en marquant un point à un centim. au-dessus de la ptère, et en menant de là une droite tangente à la suture écailleuse.

Pour Pozzi, il faudrait prendre 15 millim, en arrière du ptérion et 2 centim. au-dessus de la suture écailleuse.

Pour Turner (1873), la 3e circonvolution frontale est située en grande partie dans la région frontale inférieure.

Les rapports de la branche antérieure de la scissure de

Sylvius nous ont permis de reconnaître ceux du cap et du pied de la 3e circonvolution frontale. Nous pouvons ajouter cependant que pour Féré, le ptérion répond à l'intervalle des deux plis ; pour Broca, il est situé un peu plus en avant ; pour Ecker un peu plus en arrière, car pour ce dernier, la suture coronale passerait sur l'opercule, au niveau du commencement de la scissure de Sylvius.

Dans le procédé de Müller (1889), les trous 7 et 8, faits aux 25/100 de la ligne de jonction des 40/100 antérieurs des deux arcs horizontal et sagittal tombent dans la circonvolution frontale inférieure, dans le cap et un peu dans le pied. Pour trouver la partie postérieure de la 3e circonvolution frontale, Müller réunit les 40 % de ses 2 arcs (horizontal et sagittal) et prend 20 % de la ligne de jonction.

Poirier pour découvrir le cap se sert de la ligne « naso-lambdoïdienne » qui passe constamment sur le bord inférieur du cap au-dessus du milieu de l'apophyse zygomatique, et l'on verra que nous indiquons nous-mêmes de trépaner un peu au-dessus de la ligne orbito-lambdoïdienne et à 35 ou 40 millim. de l'apophyse orbitaire externe pour découvrir le centre cortical du langage articulé (région de Broca de la 3e circonvolution frontale).

CHAPITRE VII.

SILLONS ET CIRCONVOLUTIONS DU LOBE PARIÉTAL.

Lobe pariétal.

Le lobe pariétal se trouve tout entier sous le pariétal. Il est limité en avant par le sillon de Rolando, en bas par la scissure de Sylvius, en arrière par la scissure perpendiculaire externe. Il se compose de la circonvolution pariétale ascendante, du lobule pariétal supérieur et du lobule pariétal inférieur.

Circonvolution pariétale ascendante et sillon post-rolandique ou pariétal transverse.

Cette circonvolution et ce sillon paraissent suffisamment déterminés par le sillon de Rolando derrière lequel ils se trouvent (Broca, de la Foulhouze, Poirier).

Selon Turner, la ligne courbe temporale correspond à l'union du 1/3 inférieur avec le 1/3 moyen de la circonvolution, de même que pour la frontale ascendante. Le plus souvent, le sillon post-rolandique n'est que le commencement de l'interpariétal.

Dans le procédé de Müller, les trous 15 et 16, 17 et 18, 13 et 14, 27 et 28 tombent plus ou moins sur la circonvolution pariétale ascendante (v. fig. 4).

Sillon interpariétal.

Ce sillon, très important, est des plus irréguliers. Il sépare le lobule pariétal supérieur du lobule pariétal inférieur dont la topographie est du plus haut intérêt.

Heftler (1873) le fait commencer au-dessus de la branche transversale de la scissure de Sylvius, à 15 ou 20 millim. en arrière de l'extrémité inférieure de la scissure de Rolando.

Broca (1876) trouve le sillon presque toujours au-dessus du centre de la bosse pariétale.

Hare (1884 et 1888) le fait commencer à 1 pouce (25 millim.4) derrière le 1/3 moyen du sillon de Rolando, de là il monte sur la longueur d'un pouce et tourne brusquement en arrière vers la scissure perpeudiculaire externe.

Reid (1884) place l'origine du sillon à 1 pouce environ au-dessus et en arrière de l'angle formé par les scissures de Rolando et de Sylvius. Le sillon monte d'abord parallèlement au Rolando environ à 3/4 de pouce (19 millim.) en arrière de lui, dans son 1/3 antérieur, puis se courbe, et sa partie postérieure se trouve à 1/2 pouce en dehors de la scissure perpendiculaire externe. La partie antérieure du sillon sépare la circonvolution pariétale ascendante du lobule du pli courbe.

Selon Horsley, le sillon naît derrière la scissure de Rolando; se dirige en haut et en arrière, puis directement en arrière, à un niveau plus bas que celui du sillon frontal supérieur; de là, il va se terminer dans le lobe occipital. En avant, il siège à mi-distance de la ligne rolandique et de la bosse pariétale, entre cette même bosse et la ligne médiane Ces rapports, d'après Horsley lui-même, seraient inconstants.

Pour la détermination de la scissure interpariétale Dana a établi les principes suivants :

1° Déterminez la ligne de localisation du sillon de Rolando, 2° celle de la scissure de Sylvius, 3° celle de la scissure parietooccipitale ; 4° marquez la position de la bosse pariétale ; 5° déterminez un point au niveau de la courbure de la ligne Rolandique et à 2 centim. plus en arrière ; 6° à partir de ce point tracez une ligne courbe à concavité inférieure, se dirigeant en arrière et en haut pour passer à égale distance de la ligne Rolandique et de la bosse pariétale, et plus loin à mi-chemin de la ligne sagittale et de la même bosse ; cette ligne doit être continuée en arrière jusqu'à un point exactement en dehors de l'extrémité externe de la scissure perpendiculaire externe. La courbe que décrit cette ligne correspond à la scissure interpariétale. Le lobule pariétal supérieur siège au-dessus de cette ligne ; le lobule pariétal inférieur au-dessous.

Nous avons fait sur le sillon interpariétal un certain nombre de recherches. Ce sillon est des plus variables de formes et de rapports. Néanmoins, nous avons été frappé du peu de variations de la distance qui sépare sa partie la plus élevée de l'astérion. Cette distance s'est trouvée 19 fois sur 20 entre 80 et 100 millim., tandis que la distance du même point du sillon à la ligne sagittale a varié de 10 à 66 millim.

Lobule pariétal supérieur.

Le lobule pariétal supérieur est situé en arrière de la circonvolution pariétale ascendante, et au-dessus du sillon interpariétal, en avant de la scissure perpendiculaire externe. Nous avons peu de choses à en dire ; ses rapports sont établis par ceux de ses limites.

Selon TURNER, ce lobule se trouve dans les aires pariétales supérieures, c'est-à-dire au-dessus de la ligne courbe temporale.

MULLER a trouvé dans son procédé, le lobule pariétal supérieur sous les trous 27 et 28, 25 et 26, 33 et 34. (V. fig. 4.)

Lobule pariétal inférieur.

Ce lobule se compose de deux gyrus, à cheval, l'un sur la scissure de Sylvius, l'autre sur la scissure parallèle. Le 1er s'appelle lobule du pli courbe ou gyrus supramarginalis, le second pli courbe, ou gyrus angularis.

On a recherché les rapports de la bosse pariétale avec ces circonvolutions.

TURNER (1873) a trouvé que la bosse correspond si constamment au lobule du pli courbe, qu'il appelle ce lobule circonvolution de la bosse pariétale.

BYROM-BRAMWELL adopte cette manière de voir.

POZZI (1877) après avoir examiné les pièces du laboratoire d'anthropologie, conclut que le milieu de la bosse pariétale correspond à la partie supérieure du lobule du pli courbe, et que le pli courbe se trouve en moyenne à 3 centimètres en arrière.

Pour DANA (1889), la bosse pariétale correspond à peu près au milieu du lobule pariétal inférieur. POIRIER n'admet pas que les rapports de cette bosse soient aussi invariables que le prétend TURNER.

Sa détermination sur le vivant est fréquemment chose impossible, sur les vieillards principalement. Quoiqu'il en soit, POZZI conseille de la chercher avec le doigt ou avec le compas d'épaisseur (elle correspond aux extrémités du diamètre transverse maximum).

ANDERSON et MAKINS (1889) disent qu'elle est située généralement à mi-distance d'une ligne partant d'un point situé immédiatement au-devant du conduit auditif externe et allant à la suture sagittale ; mais ses variations peuvent atteindre 1/2 pouce en hauteur et un pouce en largeur (13 et 25 millim.)

On s'est encore servi d'autres points de repère pour déterminer les circonvolutions du lobule pariétal inférieur.

Turner (1873) place le lobule du pli courbe dans ses 4 aires pariétales, c'est-à-dire au-dessus et au-dessous de la ligne courbe temporale et en avant et en arrière d'un plan vertical passant par les bosses pariétales. Il place le pli courbe en arrière du lobule du pli courbe dans les zones postéro-pariétales inférieure et supérieure, c'est-à-dire en arrière du plan vertical passant par les bosses pariétales.

Müller (1889) a déterminé le pli courbe ou gyrus angulaire à l'aide de son ingénieux procédé. Il joint les 65/100 de ses 2 arcs horizontal et sagittal, et prend 57/100 sur la ligne de jonction. Il a trouvé des variations assez étendues dans la situation de ce gyrus. — En outre, ses trous 31 et 32 tombent dans le pli courbe. (V. fig. 4.)

Poirier a obtenu constamment sur 20 hémisphères cérébraux, des résultats précis en prenant sur la ligne courbe « naso-lambdoïdienne » 10 centim. à partir du lambda pour le lobule du pli courbe et 7 centim. pour le pli courbe. Il tombe ainsi sur la partie inférieure du lobule du pli courbe et dans le 1/3 moyen du pli courbe.

Nous avons longtemps cherché avant de trouver un procédé pratique de détermination du lobule du pli courbe et du pli courbe. Le procédé que nous croyons le plus précis et le plus simple est le suivant : pour découvrir le lobule du pli courbe, trépanez sur une ligne (facile à construire) qui va du sommet du sillon de Rolando à l'astérion, à 15 millim. au-dessus du point où cette ligne est croisée par la ligne orbito-lambdoïdienne. Ce procédé nous a donné d'excellents résultats : les couronnes de trépan découvrent le milieu du lobule, un peu au-dessus de la terminaison de la scissure de Sylvius. — Pour trouver le pli courbe, trépanez à 2 centim. en arrière du même point de jonction des deux lignes « rolando-astérique » et « orbito-lambdoïdienne » (V. fig. 16).

CHAPITRE VIII.

SILLONS ET CIRCONVOLUTIONS DES LOBES TEMPORO-SPHÉNOÏDAL ET OCCIPITAL

Sillons et circonvolutions du lobe temporo-sphénoïdal.

Les anatomistes se sont peu occupés de rechercher les rapports des sillons et circonvolutions de ce lobe avec la boîte crânienne. Nous avons vu ceux de son bord inférieur à propos du bord inférieur du cerveau.

Pour Broca (1876) le sillon sous-sylvien ou scissure parallèle de Gratiolet, et les 2 premières circonvolutions temporales sont suffisamment déterminées quand on connaît la situation de la scissure de Sylvius qui leur est parallèle. Pour la 3e circonvolution temporale, on sait qu'elle correspond à la base de l'écaille temporale, puisqu'elle forme le bord externe de l'hémisphère.

De la Foulhouze (1876) trouve, comme Broca, qu'il est inutile de les déterminer davantage.

Pour Turner (1873), le lobe temporo-sphénoïdal correspond en grande partie par ses 2/3 antérieurs au temporal et à l'aile du sphénoïde ; il dépasse en outre la suture écailleuse en avant et en arrière.

Ecker (1876) trouve que la suture écailleuse suit dans une petite étendue le trajet du sillon temporal.

Pour REID (1884) le sillon parallèle se trouve à 1 pouce (25^{mm},4) sous la scissure de Sylvius, et le 2e sillon temporal à 3/4 pouce (19 millim.) sous le sillon parallèle.

D'après BROCA, pour découvrir la circonvolution temporale supérieure, il faut prendre sur une ligne horizontale 5 centim. à partir de l'apophyse orbitaire externe, 2 centim. par conséquent sous le pied de la 3e frontale.

Pour DANA (1889), une ligne horizontale passant par l'inion et le centre de l'orbite limite en bas les lobes temporal et occipital; une autre ligne oblique, passant par le centre de l'orbite et le lambda passe au milieu du grand axe du lobe temporal parallèlement à la 2e circonvolution temporale.

DANA admet les résultats de REID pour la détermination des sillons temporaux : le premier est parallèle à la scissure de Sylvius et court à 2 cent. 5 au-dessous, le second est à environ 2 centim. sous le premier.

Dans le procédé de MÜLLER, les trous 13 et 14. 23 et 24, 21 et 22, 29 et 30 tombent sur le lobe temporal (V. figure 4, page 32).

POIRIER place le sillon parallèle à 12 ou 15 millim. au-dessous de la scissure de Sylvius, il lui donne donc une épaisseur moindre que REID et DANA.

Il conseille pour ouvrir les abcès d'origine temporale de trépaner sur la verticale passant par le méat auditif, à 3 centim. au-dessus de ce méat, et non de suivre les procédés de BERGMANN et de MACEWEN. BERGMANN trépane un peu en avant et au-dessus de l'angle postérieur et inférieur du pariétal ; il détermine cet angle en traçant une ligne du méat auditif à la protubérance occipitale externe, et en élevant sur cette ligne une perpendiculaire de 4 à 5 centim. en arrière du méat. Ce procédé conduit sur la partie la plus reculée du lobe temporal, tandis que celui de Poirier fait tomber en plein dans la 2e circonvolution temporale. MACEWEN prend 6 centim. au-dessus du conduit auditif externe, mais ce procédé fait découvrir la scissure de Sylvius.

M'Bride et Muller conseillent, suivant Hare, de trépaner à 1/2 pouce (12^{mm},7) au-dessus du méat pour évacuer les abcès d'origine tympanique. Le point découvert se trouve sur la ligne orbito-iniaque.

Lobe occipital.

Ce lobe siège en arrière de la scissure perpendiculaire externe, et au-dessus de la tente du cervelet.

Ses circonvolutions sont « trop étroites et trop peu importantes pour mériter de donner lieu à des recherches topographiques spéciales. » (Broca 1876).

Cependant, Broca donne des indications qui permettent de déterminer très approximativement le sillon occipital supérieur : il est sur le prolongement de la ligne qui indique le trajet du sillon pariétal, et on sait d'autre part, qu'il va aboutir à la pointe du lobe occipital, pointe qui correspond à l'inion.

Dans le procédé de Müller (1889), les trous 33 et 34, 31 et 32, 29 et 30, 37 et 38, 35 et 36 tombent dans le lobe occipital. (V. fig. 4). — L'examen attentif de notre pl. II, fera voir que le lobe occipital, à peu près tout entier situé en arrière de la suture lambdoïde, qui est elle-même sensiblement parallèle à la scissure pariéto-occipitale, peut être partagé en 3 surfaces cunéiformes dont la base regarde les lobes pariétal et temporal (elle répond aux plis de passage occipito-pariéto-temporaux) et le sommet à la terminaison cunéiforme elle-même du lobe occipital. Eh bien, on peut dire d'une façon très générale, que la 1re circonvolution frontale occupe l'étage supérieure du lobe, la seconde l'étage moyen, et la 3e l'étage inférieur.

CHAPITRE IX.

RAPPORTS DES PARTIES PROFONDES ET DU CERVELET.

Rapports de l'Insula de Reil.

On s'est généralement peu occupé des rapports de l'insula de Reil, car ils ne présentent pas d'intérêt pratique immédiat. Voici ce qu'en a dit Heftler, le seul anatomiste qui, à notre connaissance, s'en soit occupé d'une façon un peu complète.

Heftler dit qu'une aiguille enfoncée horizontalement au sommet de la suture temporale pénètre vers le milieu de l'insula. Dans la « norma parietalis », la suture coronale correspond en moyenne à la partie antérieure de l'insula ; l'aiguille plongée verticalement par la suture fronto-pariétale à 4 centim. en dehors de la suture sagittale, pénètre dans le 1/3 antérieur de l'insula. D'après la « norma frontalis », l'aiguille pénètre dans l'insula quand elle traverse le crâne horizontalement à 5 millim. au-dessus du bord orbitaire, et de 35 à 40 millim. en dehors de la ligne médiane du front. D'après la « norma occipitalis », l'aiguille pénètre dans l'insula quand on la plonge dans une direction horizontale à 4 centim. d'un point situé à 1 centim. au-dessous de l'union de la suture sagittale avec la suturelambdoïde.

Turner s'est contenté d'indiquer que l'insula était en rapport médiat avec la grande aile du sphénoïde et le ptérion, et Féré nous a appris que le plan qui limite en arrière la couche optique limite également la partie postérieure de l'insula (Fig. 9).

Ces rapports n'ont qu'un intérêt secondaire ; nous en dirons autant de ceux des ganglions centraux.

Rapports des ganglions centraux avec la voûte du crâne.

Les ganglions centraux sont situés partout fort loin de la voûte du crâne. Leurs rapports ont néanmoins été étudiés par Féré.

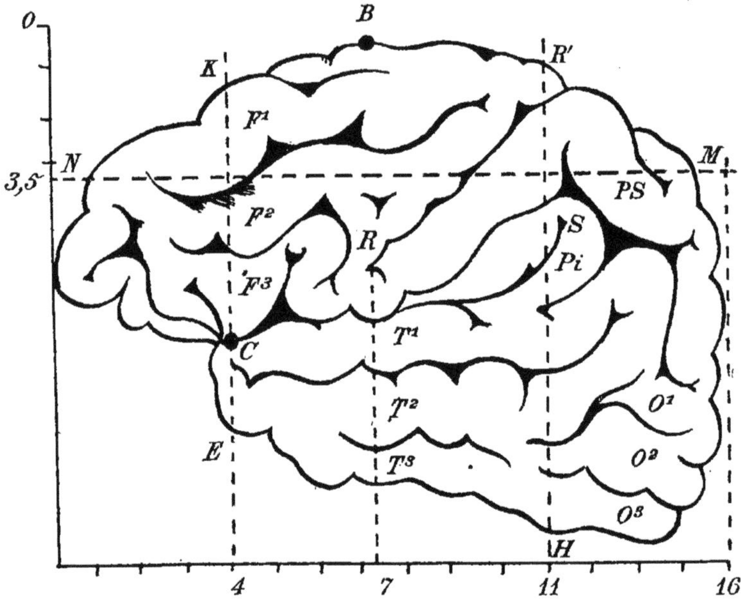

Fig. 9, — Cette figure est destinée à montrer les rapports des parties profondes du cerveau avec les parties superficielles et avec le crâne, d'après Féré.

C, ptérion. — B. bregma. — F1, F2, F3, 1re, 2e, 3e circonvol. frontales. — T1, T2, T3, 1re, 2e, 3e circonvol. temporales. — O1, O2. O3, 1re, 2e, 3e circonvol. occipitales. — PS, lobule pariétal supérieur — Pi, lobule pariétal inférieur. — R R', sillon de Rolando. — S, scissure de Sylvius. — K E, R' H, plans qui limitent en avant et en arrière les noyaux gris centraux. — N M, plan qui limite en haut les ganglions centraux.

Féré (1875) a indiqué trois coupes qui limitent les ganglions centraux (V. fig. 9). La première verticale et transversale, passant à 4 centim. de l'extrémité antérieure du cerveau, entame légèrement la partie antérieure du noyau intra-ventriculaire du corps strié ; la seconde, verticale et transversale, passant par le sommet de la scissure de Rolando et l'astérion, à 1 centim. en arrière de l'apophyse mastoïde, limite en arrière les couches optiques ; la troisième, horizontale, passant à 3$^{cent.}$,5 de la convexité des hémisphères, ou à 4 1/2 de la convexité de la tête, limite en haut les noyaux gris. (Le 1er plan passe par les 2 ptérions).

Dana a reproduit les indications de Féré dans ses règles de topographie cranio-cérébrale.

Cervelet.

Les rapports du cervelet sont faciles à établir, le cervelet se trouvant en-dessous du sinus latéral, et par conséquent de la ligne courbe occipitale supérieure.

Poirier insiste sur les rapports du cervelet et sur les moyens de le découvrir par la trépanation : il dit : « au-dessous de la ligne du sinus, mais à un bon centimètre au-dessous de cette ligne pour éviter sûrement le sinus latéral, c'est le cervelet. Plus pratiquement encore, on peut joindre par une ligne droite le sommet de l'apophyse mastoïde à la protubérance occipitale externe et trépaner au milieu de cette ligne. »

Poirier appelle en outre l'attention sur ce fait que le 1/3 postérieur de l'apophyse mastoïde correspond au cervelet, et raconte qu'il l'a vu découvrir par des chirurgiens qui trépanaient l'apophyse mastoïde.

CHAPITRE X.

ARTÈRES, VEINES ET SINUS.

Rapports des artères.

Les artères du cuir chevelu sont nombreuses, mais leurs rapports nous intéressent peu. On peut sentir facilement battre sous le doigt les principaux troncs. La figure 10 montre leurs rapports d'une façon très suffisante.

Notons cependant que l'artère temporale profonde moyenne imprime dans plus des 2/3 des cas un sillon sur l'os temporal qui se prolonge parfois jusque sur le pariétal. Ce sillon, dont nous n'avons retrouvé nulle part la description, a été pourtant représenté par Gray, Pozzi, Henning, Holden, mais sans que ces anatomistes en aient fait la moindre mention dans leur texte Nous avons disséqué cette artère injectée, pour nous assurer de son origine, et nous avons fait représenter d'après les sillons, quelques-unes des dispositions que nous avons observées.

L'artère sus-orbitaire imprime également, dans certains cas, un ou plusieurs sillons sur le frontal.

Les artères de l'intérieur du crâne sont beaucoup plus intéressantes, car rien à l'extérieur ne révèle leur situation et leur section peut être la source d'accidents sérieux.

La plus importante est sans contredit l'*artère méningée moyenne*.

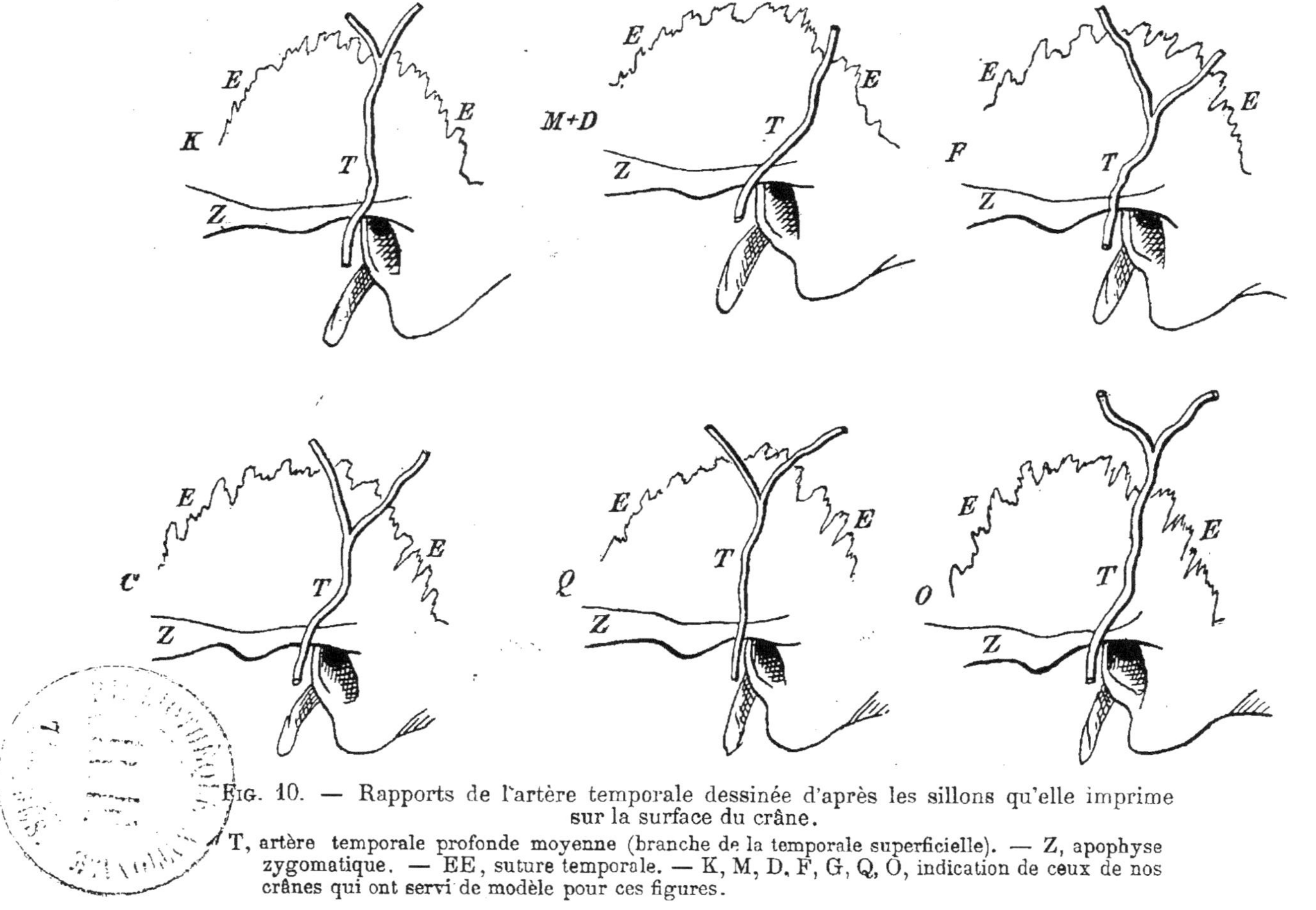

Fig. 10. — Rapports de l'artère temporale dessinée d'après les sillons qu'elle imprime sur la surface du crâne.

T, artère temporale profonde moyenne (branche de la temporale superficielle). — Z, apophyse zygomatique. — EE, suture temporale. — K, M, D, F, G, Q, O, indication de ceux de nos crânes qui ont servi de modèle pour ces figures.

Féré et Marchant ont bien étudié les rapports de cette artère.

Elle offre deux branches terminales ; mais, comme l'antérieure se subdivise presque en 2 troncs d'égale importance avant d'arriver à la limite supérieure de l'écaille du temporal, il en résulte que sur la partie latérale du crâne, dans la région la plus accessible aux traumatismes, la méningée moyenne offre 3 branches à considérer.

L'artère creuse des sillons dans le crâne, qui commencent à s'accuser déjà nettement à 3 ou 4 mois.

a) La branche antérieure se dirige en dehors et en avant vers l'angle antéro-inférieur du pariétal (vers le ptérion) ; elle arrive sur la face interne du pariétal à 5 millim. en moyenne en arrière de cet angle. A ce niveau, le pariétal lui fournit une gouttière plus profonde que partout ailleurs et souvent un canal complet, qui, chez les adultes, peut présenter 2 ou 3 centim. de longueur, et davantage chez les vieillards ; du reste, ce canal peut exister chez les jeunes sujets.

Plus haut, la gouttière de la branche antérieure est encore généralement plus profonde que celle des autres branches ; elle remonte le long de la suture coronale et en arrière d'elle ; sa direction est un peu plus oblique que celle de la suture.

Sa distance du ptérion est de 0,005 (0 à 13^{mm}).

Partie moyenne, distance de la suture 0^{m},013 (5 à 20^{mm}).

Partie supérieure, distance de la suture 0,015 (3 à 31).

Une seule fois sur 25 elle passait en avant de la suture.

b) Le 2e rameau important, rameau postérieur de la branche antérieure, naît 18 fois sur 25 sur la face interne de l'écaille du temporal, passe sur le bord supérieur de cette écaille à 38 millim. en arrière du ptérion (17 à 55) ; à la partie moyenne du pariétal, il se trouve à 54 millim. en arrière de la suture coronale (45 à 75). Plus haut, le vaisseau se dirige obliquement vers le bord supérieur du pariétal, mais avec des inflexions très variables.

c) La 3e branche, méningée postérieure, émerge de l'écaille du temporal à 58 millim. en moyenne en arrière du ptérion (53 à 67), puis se rapproche de la suture lambdoïde, à laquelle elle est quelquefois parallèle.

C'est donc la 1re surtout qui est à peu près fixe.

La branche antérieure est par conséquent bien en avant du sillon de Rolando ; elle est à quelques millimètres en avant de la branche verticale de la scissure de Sylvius ; l'extrémité externe du sillon est de 20 à 25 millim. en arrière de la branche antérieure, et plus en arrière encore en haut. Les rapports des 2 autres branches sont beaucoup moins constants; pourtant, la 2e est en arrière du sillon, et même le plus souvent de la pariétale ascendante.

La détermination sur le vivant n'est possible que pour la branche antérieure de la méningée ; elle se fait au moyen du ptérion et du bregma. Or Féré a trouvé le ptérion à 18 millim, en arrière de l'apophyse orbitaire externe chez la femme, et à 25 millim. chez l'homme. Donc, l'extrémité inférieure de l'artère sera de 23 à 30 millim. en arrière de l'apophyse orbitaire externe.

Pour Marchant, il faut compter en arrière du bregma, 16 ou 17 millim. environ. La distance de l'artère au sillon est en bas de 20 à 25 millim., en haut de 38 chez la femme, 31 chez l'homme. La branche moyenne est distante de l'apophyse orbitaire externe de :

Au niveau de son origine............	Hommes..	63.
	Femmes..	72.
A la partie moyenne du pariétal.....	Hommes..	79.
	Femmes..	56.

La branche postérieure est à 83 millim. en arrière de l'apophyse orbitaire externe chez l'homme, à 76 chez la femme. L'axe vertical de l'apophyse mastoïde croiserait sa direction (Marchant.)

Pour DANA, la seule branche dont le chirurgien ait à s'occuper est cette branche méningée moyenne antérieure ; c'est également la seule dont parle HARE dans son travail sur la topographie cranio-cérébrale.

Selon POIRIER, pour arriver sur l'artère méningée moyenne, JACOBSON conseille de trépaner à 5 centim. en arrière et à 12 millim. au-dessus de l'apophyse orbitaire externe ; VOGT à l'intersection d'une horizontale située à 2 travers de doigt au-dessus de l'arcade zygomatique, et d'une autre verticale passant à un travers de pouce en arrière de la branche montante du malaire. Ces 2 procédés seraient exacts ; néanmoins POIRIER conseille d'élever une perpendiculaire sur l'apophyse zygomatique à égale distance du bord postérieur de l'apophyse montante du malaire et du conduit auditif, et de prendre 5 centim. au-dessus de l'apophyse zygomatique sur la perpendiculaire. Ce procédé lui a toujours réussi sur 30 cadavres.

Nous avons également fait quelques recherches sur la direction de l'artère méningée moyenne. Nous en retiendrons ce seul fait, en contradiction avec les opinions précédentes, que la branche antérieure de l'artère méningée, située d'abord de 5 à 10 millim. en arrière du ptérion, monte le long de la suture coronale en conservant la même distance, et même quelquefois s'en rapproche de façon à se diriger vers le bregma. Quant aux branches postérieures, nous les avons trouvées assez variables.

Nous avons fait figurer les rapports des artères du cuir chevelu et de la dure-mère dans la figure 11.

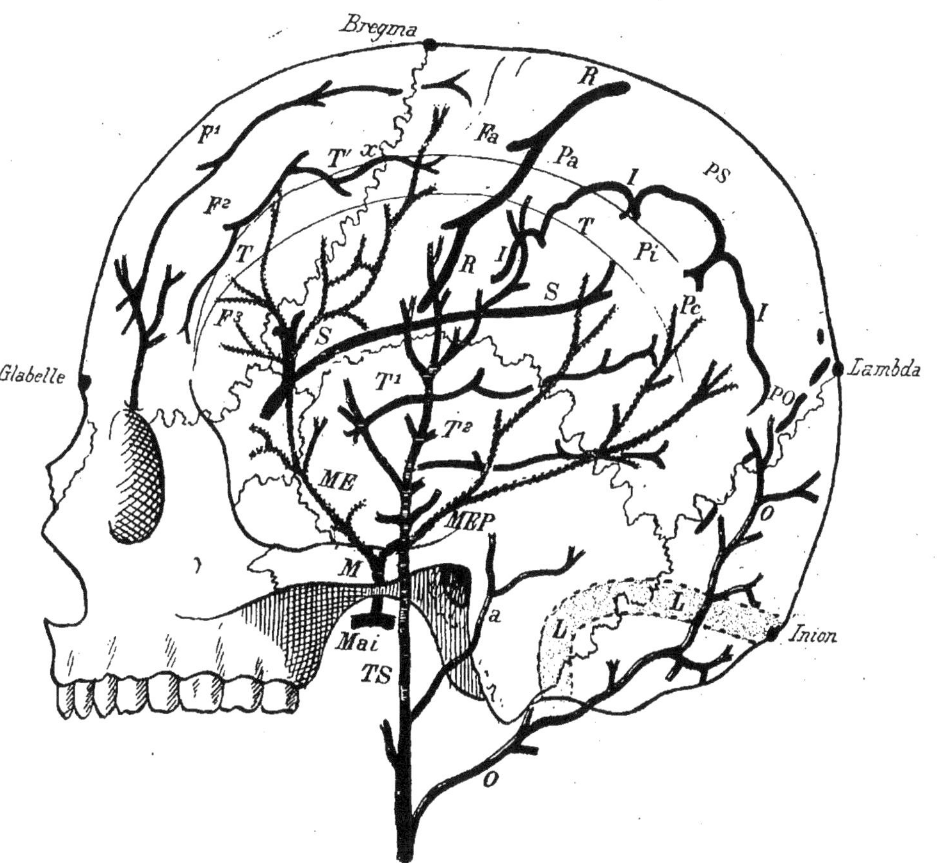

FIG. 11, destinée à montrer : 1° les rapports des artères du cuir chevelu et de la dure-mère avec le crâne et avec les circonvolutions; et 2° les rapports des sillons et circonvolutions du cerveau et avec les sutures du crâne.— Les artères sont représentées en rouge, — les sinus latéral en bleu. — Les lignes pointillées correspondent aux artères de l'intérieur du crâne, les lignes pleines à celles de l'extérieur.

RR, sillon de Rolando. — SS, scissure de Sylvius. — PO, scissure pariéto-occipitale. — I I I, sillon interpariétal.— F¹, F², F³, 1re, 2e, 3e circonvolutions frontales. — Fa, circonvolution frontale ascendante. — Pa, circonvolution pariétale ascendante. — Pi, lobule pariétal inférieur. — PS, lobule pariétal supérieur. — Pc, pli courbe. — T¹, T², 1re, 2e circonvolutions temporales.— TT, ligne courbe temporale inférieure.— T', ligne courbe temporale supérieure — x, stéphanion supérieur. — LL, sinus latéral. — TS, artère temporale superficielle. — OO, artère occipitale. — a, artère auriculaire postérieure. — Mai, artère maxillaire interne. — M, artère méningée moyenne. — ME, artère méningée moyenne antérieure. — MEP, artère méningée moyenne postérieure.

Rapports des veines et des sinus.

Parmi les veines et sinus du crâne, nous n'avons guère à nous occuper que du sinus longitudinal supérieur et du sinus latéral.

Le *sinus longitudinal supérieur* se trouve à droite de la ligne médiane, de façon que son bord gauche coïncide avec la ligne médiane et que son bord droit coïncide avec la ligne qui réunit les extrémités des dentelures de la suture sagittale (Horsley). Dana n'est pas de l'avis de Horsley; pour lui, le sinus longitudinal supérieur est généralement un peu à gauche de la ligne médiane.

Poirier assigne au sinus une largeur moyenne de 1 centim., largeur triplée par les lacs sanguins et confluents veineux situés sur les côtés. Pour cette raison, on le trouve jusqu'à 1 centim. 1/2 de la ligne médiane.

Pour le déterminer, Poirier conseille non pas de chercher la ligne médiane à vue d'œil, mais de mesurer la distance bi-auriculaire et d'en prendre la moitié.

En arrière, le sinus se jette dans le pressoir d'Hérophile. Le pressoir d'Hérophile est approximativement sous l'inion. (Il est toujours situé sous la protubérance occipitale interne.)

Mais, pour Rieger, la protubérance occipitale externe ne répond à l'interne qu'une fois sur deux ; la différence de niveau ne dépasserait toutefois jamais 15 millim.

Le *sinus latéral* est situé sous une ligne qui va de l'inion à l'astérion, il passe sous l'angle postérieur et inférieur du pariétal (Dana).

Pour Poirier, sa portion horizontale répond à la ligne courbe occipitale, à l'astérion,à la suture pariéto-mastoïdienne, et sa portion oblique au 1/3 moyen de l'apophyse mastoïde. Sa portion horizontale correspond à la ligne « naso-inienne », et pour la déterminer chez le vivant, il suffit de prolonger en arrière jusqu'à l'inion le bord supérieur de l'apophyse zygomatique. Sa largeur est de 1 1/2 centim.

Nous avons fait quelques recherches sur la situation du sinus latéral, elles nous ont donné les mêmes résultats qu'à Poirier ; pourtant l'axe de la portion oblique du sinus latéral nous a paru de 2 ou 3 millim. environ en arrière du milieu de l'apophyse mastoïde.

Le *sinus sphéno-pariétal* de Breschet a été bien étudié par Poirier au point de vue de ses rapports. Tantôt ce sinus n'est que la veine méningée moyenne, tantôt il est une anastomose entre le sinus longitudinal supérieur et le sinus caverneux. Trolard et Knott n'admettent que la première de ces deux propositions. Ce sinus est parallèle à l'artère méningée moyenne dans presque tout son trajet, mais s'en écarte en haut et en bas. Il est situé un peu en avant de la région que l'on trépane pour découvrir la zone rolandique.

Enfin, disons que selon Poirier, la *veine mastoïdienne* parfois très grosse, traverse obliquement le 1/3 moyen de l'apophyse mastoïde.

Mais il faut savoir que ces sinus sont sujets à nombre d'anomalies. C'est ainsi que l'on a observé l'absence du sinus longitudinal supérieur, sa bifurcation au-dessus de la protubérance occipitale interne, ses branches de division longeant la suture *lambdoïde* pour aller se jeter dans le coude du sinus latéral, etc. ; — de même les sinus latéraux, sont dans des circonstances exceptionnelles, tantôt absents, tantôt rudimentaires, et d'autres fois, un peu diminués de calibre, sortent tous en tiers par le trou mastoïdien et se continuent avec la veine jugulaire externe. (Voy. Ch. Debierre, *Traité d'anat.* I, p. 680).

CHAPITRE XI.

TOPOGRAPHIE CRANIO-CÉRÉBRALE CHEZ LES ENFANTS ET LES VIEILLARDS.

Modifications chez les enfants.

L'âge apporte des modifications importantes dans les rapports cranio-cérébraux. Les mesures que nous avons données jusqu'ici se rapportent à des adultes. Nous allons passer en revue les différences que l'on trouve chez l'enfant et chez le vieillard. Ces différences, suivant les âges, sont surtout en relation avec des différences dans le développement relatif des régions cérébrales et crâniennes, contrairement aux différences suivant les sexes qui sont en relation avec les différences de volume de la tête. (Féré).

« C'est de 13 à 17 ans que les rapports du cerveau et du crâne deviennent fixes. » (Féré).

De la Foulhouze, en 1876, dans une thèse intéressante sur « les rapports anatomiques du cerveau avec la voûte du crâne chez les enfants » a tiré de ses expériences (1) les conclusions suivantes :

---

(1) Il donne 16 observations :

1° Enfants de la naissance à la fin du 1er mois : 4.
2° » de 18 mois à 3 ans : 9.
Enfant de 4 à 5 mois : 1.
» de 5 ans : 1.
« de 13 ans : 1.

Le Rolando s'éloigne progressivement de la suture coronale, de 30 millim. à 47 ou 48 à 2 ans 1/2 ou trois ans pour ne plus s'éloigner dans la suite. Les deux autres mesures rolando-coronales suivent la même marche. La hauteur de l'extrémité du Rolando au-dessus de la ptère croît également jusqu'à la même époque, puis diminue.

« La scissure de Sylvius remonte très obliquement en arrière, elle passe au-dessus du sommet de la suture écailleuse depuis un minimum de + 8 millim. (obs. IV, 30 jours), pour atteindre + 17 millim. (obs. VI, 18 mois).

La scissure occipitale externe est toujours située très en avant de la suture lambdoïde, dont elle est un peu plus près en dedans qu'en dehors : minimum 5 millim. en dedans (30 jours), 6 en dehors (3 jours), maximum 21 en dedans (18 mois), 31 en dehors (2 ans).

Pour les sillons : le maximum de courbure de l'os frontal recouvre en général la deuxième circonvolution frontale : il est plus voisin du premier sillon frontal que du second.

La bosse pariétale répond par son point culminant à la deuxième circonvolution pariétale ; située entre l'extrémité postérieure de la sylvienne et le sillon pariétal, elle est plus rapprochée de la première que du second.

En résumé : chez l'enfant, les différences sont surtout accusées de 6 mois à 3 ans pour tendre à disparaître au-dessus et au-dessous. Le lobe frontal dépasse en arrière la suture coronale d'une quantité énorme, 42 millim. environ. Le lobe temporo-sphénoïdal s'élève à $0^{m},012$ en moyenne au-dessus du point culminant de la suture écailleuse.

Le lobe occipital s'avance de $0^{m},015$ environ en avant de la suture lambdoïde. »

Enfin, DE LA FOULHOUZE a appelé l'attention sur l'abaissement considérable du stéphanion chez l'enfant. Chez le fœtus et dans les premières années de la vie, le stéphanion serait plus bas que l'extrémité inférieure du sillon de Rolando.

Pour Broca (1876), chez les enfants, la scissure perpendiculaire externe à sa partie interne est presque toujours située en avant de la suture lambdoïde.

Ch. Féré a apporté à la question des données nouvelles et a fait de très nombreuses expériences. Il a démontré que chez le fœtus et le nouveau-né, un plan perpendiculaire au plan de Camper et passant par la ligne bi-auriculaire, laisse le bregma à 10 ou 15 millim. en avant de lui.

Cet avancement du bregma chez le jeune enfant serait dû surtout au peu de développement de la face comparée à la portion occipitale du crâne. « Chez l'adulte, le plan glabello-lambdoïdien de Hamy et le plan sous-naso-auriculaire de Camper sont obliques en avant et en bas par rapport au plan de la vision horizontale, le premier de 0°97, le second de 4°68 ; ils se rencontrent donc en arrière du crâne, en formant un angle d'environ 3°71 en moyenne. Chez l'enfant, au contraire, ces deux plans se rencontrent en avant. »

Ils forment un angle ouvert en arrière, allant sur les tableaux de Féré jusqu'à 13° (21 jours), en passant par 4 à 6° chez les enfants de 4 à 6 ans.

« Ces chiffres indiquent une sorte de mouvement de bascule du plan glabello-lambdoïdien, et font comprendre comment, à mesure que la face se développe, le bregma se trouve non-seulement élevé, mais encore reporté en arrière. » (Féré, 1881).

C'est vers 18 mois ou 2 ans seulement que le plan auriculo-bregmatique arrive à être perpendiculaire au plan de Camper (au-dessous d'un an, le bregma est à 7 ou 8 millim. en avant du plan déterminé par l'équerre), mais c'est seulement « vers 6 ou 7 ans que s'établit l'équilibre entre le développement de la face et de la région occipitale du crâne. (Féré, 1886).

Or, selon Féré, c'est en grande partie au défaut de parallélisme dans le développement des os du crâne que sont dues les différences des rapports cérébro-crâniens aux différents âges. D'où il est difficile de se rendre un compte exact des différences du plan glabello-lambdoïdien lorsqu'on l'envisage à la fois dans l'enfance et dans l'âge adulte ; les rapports des courbes crâniennes, en effet, ne fournissent pas de données exactes à cet égard, parce que les courbes considérées aux différents âges ne sont pas concentriques. (Féré, 1881).

Féré, en 1877, a fait une étude complète du développement du cerveau dans ses rapports avec le crâne. Voici ses résultats :

Le Rolando s'incline en arrière pendant la vie embryonnaire. Jamais, contrairement à ce qu'affirmait Hamy, l'extrémité inférieure du Rolando ne passe en avant de la suture coronale...

« 2° L'obliquité du sillon de Rolando paraît être au minimum chez l'enfant à terme. Cependant, je l'ai trouvé très incliné chez deux enfants de 9 et 17 jours. — Après la naissance, le sillon de Rolando s'incline de nouveau graduellement, et chez l'adulte, son obliquité, toujours considérée par rapport à la suture coronale, est redevenue presque aussi considérable que chez le fœtus. Mais, en 1879, Féré ayant considérablement augmenté le nombre de ses observations, fait des réserves sur cette conclusion et trouve les différences trop minimes pour qu'on puisse en tirer « des déductions de quelque importance. »

Voici les autres conclusions :

« Chez les jeunes enfants, le ptérion, considéré dans ses rapports avec les circonvolutions, m'a toujours paru situé sur un plan plus postérieur que chez l'adulte ; il correspond, non pas à l'anse médiane de l'M de la 3e circonvolution frontale, au cap de Broca, mais à la queue de cette circonvolution, à la partie postérieure, à celle qui est plus spécialement affectée au langage. Cette particularité me paraît liée au mode de développement de la 3e circonvolution frontale »....

La scissure de Sylvius « se trouve dès l'origine chez le fœtus sur un plan plus élevé par rapport à l'écaille du temporal qu'elle ne sera plus tard chez l'adulte ; elle semble s'abaisser progressivement à mesure que l'on approche de l'adolescence. La scissure pariéto-occipitale, au lieu de répondre exactement au lambda comme chez l'adulte, est située bien en avant dès son apparition, même avant qu'elle ne se soit réfléchie sur la convexité de l'hémisphère ».

« La scissure de Sylvius et la scissure pariéto-occipitale s'inclinent peu à peu en arrière et en bas, et elles finissent par atteindre à peu de chose près chez l'adulte, la première le bord supérieur de l'écaille du temporal, la seconde le lambda. La scissure de Sylvius ne dépasse jamais inférieurement cette limite ; quant à la scissure pariéto-occipitale, je ne l'ai vue que 3 fois sur 92 en arrière du lambda, 2 fois chez la femme et 1 fois seulement chez l'homme ». (Féré 1879).

De l'ensemble de ces modifications, il semble donc qu'il y ait prédominance, dans le jeune âge, du cerveau postérieur ou portion sensitivo-végétative sur le cerveau antérieur ou psycho-moteur. Mais pour que cette conclusion ait une valeur absolue, il faudrait qu'il soit établi qu'il y a un parallélisme parfait dans l'accroissement des divers os du crâne, ce qui n'est pas, si on s'en rapporte aux recherches de Féré concernant le développement relatif du temporal au divers âges (Féré, 1881).

Féré (1881-86) a montré que les fiches que l'on enfonce sur la bosse frontale pénètrent, chez le jeune enfant, en plein dans la 2e circonvolution frontale, tandis que chez l'adulte, elles entrent au voisinage du sillon frontal supérieur, et même quelquefois dans la première circonvolution frontale.

Il a appelé l'attention sur les rapports qui existent entre la topographie crânio-cérébrale du fœtus et celle du singe, et entre celle des enfants européens et celle des hommes de races inférieures.

DANA a fait 5 expériences sur des crânes d'enfants de 1 à 18 mois. Il a obtenu les résultats suivants :

1) L'extrémité supérieure du sillon de Rolando est généralement située comme chez l'adulte, mais peut-être à 1 ou 2 centim. en avant.

L'extrémité inférieure se trouve sur la ligne qui va du stéphanion à l'astérion.

Le sillon de Rolando va souvent très près de la scissure de Sylvius. Sa direction est peut-être un peu moins verticale que chez l'adulte.

2) La scissure de Sylvius a son point de division un peu plus haut que chez l'adulte. Sa branche postérieure se trouve soit exactement en rapport avec le sommet de la suture squameuse (les 2 enfants les plus âgés), ou au-dessus d'elle de 1/2 à 1 cent. (les 3 autres). Elle va généralement se terminer en avant de la bosse pariétale, qui est relativement plus basse que chez l'adulte. La longueur de la branche verticale est de 1 cent. 1/2 à 2 centim. Elle se dirige, en haut et un peu en avant.

3) La scissure pariéto-occipitale est exactement située sous le lambda (2 cas) ou 1 ou 2 centim. en avant (3 cas).

4) La scissure transverse se trouvait sous l'inion, comme chez l'adulte.

Les deux circonvolutions centrales avaient environ 2 c. 1/2. Les sillons précentraux étaient situés derrière la suture coronale comme chez l'adulte. Le second sillon frontal se trouvait à peu près en rapport avec la ligne courbe temporale.

L'arc naso-bregmatique lui a paru dépasser les dimensions qu'on lui assigne généralement.

DANA fait remarquer que, d'après ses recherches et celles de LA FOULHOUZE, le sillon de ROLANDO est *proportionnellement* plus en arrière chez l'enfant que chez l'adulte, puisque la distance rolando-coronale est à peu de chose près la même chez l'enfant de 3 ans que chez l'adulte (1).

Pour la scissure de Sylvius, DANA n'a pas trouvé chez les enfants les différences indiquées par DE LA FOULHOUZE, il a même vu la scissure et la suture coïncider ; les distances de l'une à l'autre étaient ordinairement minimes.

Quant à la scissure perpendiculaire externe, il l'a trouvée chez les enfants de 15 à 20 millim. en avant de la suture, bien qu'on puisse la rencontrer en rapport immédiat, même chez de petits enfants. En somme, elle est plus avancée chez le nouveau-né.

Quand à l'époque à laquelle se produit l'établissement des rapports définitifs du crâne et du cerveau, elle est pour DANA vers 7 ans, et plus précoce chez les filles que chez les garçons. Les modifications, considérables dans le courant de la première année, continuent jusqu'à quatre ans pour diminuer dans la suite.

Les recherches de POIRIER (1890) n'ont pas confirmé les conclusions de HAMY d'après lesquelles : 1° Le sillon de Rolando, loin d'être placé, comme chez l'adulte, très en arrière de la scissure frontale aussi bien en haut qu'en bas, croiserait cette scissure dans sa partie moyenne pour aller cacher son 1/3 antérieur sous le frontal ; et 2° l'angle rolando-sagittal, au lieu d'être de 70 degrés, comme chez l'adulte, ne serait que de 52. — Pour POIRIER, les distances rolando-coronales sont relativement les mêmes chez l'adulte et le nouveau-né (chez qui elles seraient de 33 pour la supérieure, et de 11 pour l'inférieure).

La scissure de Sylvius, au lieu de coïncider à peu près avec la suture temporo-pariétale, se trouve très au-dessus, de sorte

---

(1) Rappelons à ce propos que chez le fœtus de six mois le sillon de Rolando est presque vertical comme cela a lieu dans les formes basses des Primates. Il acquiert ensuite progressivement son obliquité au fur et à mesure du développement du lobe frontal.

que le bord inférieur du pariétal s'avance jusqu'à la 2e circonvolution temporale chez le nouveau-né. La suture remonte ensuite peu à peu, non pas pour prendre ses rapports définitifs vers 8 ou 9 ans comme le veut SYMINGTON, mais seulement quand s'arrête le développement du cerveau et de la boîte osseuse.

POIRIER n'admet pas non plus avec FÉRÉ que le ptérion répond à la partie postérieure de la 3e circonvolution frontale chez les enfants, il serait bien au-dessous. L'angle antérieur du ptérion correspondrait à la face inférieure du lobe frontal vers la partie antérieure de la scissure de Sylvius, l'angle postérieur à la partie antérieure de la scissure parallèle, et cela sur 4 enfants dans la première année, et 4 autres entre 6 et 8 ans.

Relativement au siège de la bosse frontale chez les enfants, il a toujours retrouvé (16 enfants, 4 adultes), à l'encontre de FÉRÉ, la fiche frontale dans la deuxième circonvolution frontale, en moyenne à l'union de son 1/3 externe avec ses 2/3 internes, sauf 1 fois sur 20 où la fiche entra dans le premier sillon frontal.

Pour POIRIER, la scissure occipito-pariétale est en rapport avec le lambda chez l'enfant comme chez l'adulte. Mais, tandis que chez l'adulte elle s'élève à peine de 1 à 3 millim. au-dessus du lambda, chez l'enfant elle est située à 12 millim. en moyenne au-dessus de ce point.

« En résumé, dit POIRIER, les différences observées par la topographie cranio cérébrale ne doivent pas être attribuées à des modifications dans la forme ou le volume respectif des lobes ; elles ressortissent au développement de la boîte osseuse, et comme conclusion, si les procédés de détermination cranio-cérébrale sont basés sur les chiffres exprimant les rapports respectifs entre l'encéphale et sa boîte osseuse, les mêmes procédés seront applicables aux adultes et aux enfants. » (POIRIER, 1890).

Modifications chez le vieillard.

D'après 4 observations DE LA FOULHOUZE, chez le vieillard ; 1° les distances rolando-coronales sont exagérées ;

2° La scissure occipitale externe est à quelques millimètres en avant de la suture lambdoïde (9 millim. en dedans, 11 en dehors en moyenne) ;

3° La scissure sylvienne est presque horizontale à sa partie moyenne, et un peu au-dessus de l'écaille du temporal (4 mill. au-dessus) ; son extrémité est à 47 millim. de la suture lambdoïde ;

4° La bosse frontale répond à la limite externe de la 1re circonvolution frontale.

FÉRÉ en 1879, d'après une étude faite sur 92 sujets de 30 ans à 90 et au-delà, a démontré qu'à partir de l'âge adulte, du moment où le développement du cerveau et du crâne peut être considéré comme complet, les rapports des sillons et des sutures paraissent rester invariables.

CHAPITRE XI.

MODIFICATIONS INDIVIDUELLES DANS LES RAPPORTS DE TOPOGRAPHIE CRANIO-CÉRÉBRALE.

Nous avons déjà étudié les diverses modifications qui existent dans les rapports topographiques cranio-cérébraux aux différents âges de l'homme. Mais d'autres causes que l'âge peuvent modifier les rapports dans des proportions assez considérables pour attirer l'attention. Le sexe, la race, les déformations pathologiques du crâne méritent sans aucun doute une étude particulière, et c'est cette étude que nous allons faire rapidement dans ce chapitre ; mais auparavant, disons deux mots des *différences topographiques qui existent entre les deux côtés d'un même cerveau*. Même à l'état normal, ces différences sont sensibles, plus sensibles pour les sillons que pour les scissures (DE LA FOULHOUZE) ; toutefois, elles sont minimes, et ne dépassent jamais 2 centimètres (POIRIER). Parmi les plus importantes, citons avec MÜLLER celle de la situation de l'extrémité supérieure du sillon de Rolando, qui va quelquefois à 1 centim., même à l'état normal (HEFTLER, MÜLLER).

L'asymétrie du crâne entraîne l'asymétrie du cerveau (MÜLLER). Nous verrons à propos des modifications chez les épileptiques que l'asymétrie est fréquente chez eux. Ces modifications sont beaucoup plus considérables à l'état pathologique qu'à l'état normal (Féré).

Revenons aux *différences individuelles*.

Elles ne sont jamais considérables, et ne dépassent jamais 2 centim. pas plus que les variations d'un côté à l'autre d'un même cerveau (Poirier).

Broca (1876) a remarqué que les variations individuelles, très grandes dans la partie supérieure des hémisphères, sont au contraire assez limitées dans leur partie inférieure, où elles n'excèdent pas un centimètre. La scissure occipitale externe est une de celles qui ont les rapports les plus fixes.

Les *différences sexuelles* présentent des caractères assez constants. Elles sont en relation surtout avec les différences de volume de la tête (Féré).

Elles ne s'accusent que chez l'adulte, car de la Foulhouze a montré qu'elles sont nulles chez les enfants de sexe différent. On connaît les modifications du crâne chez la femme. Dana les résume ainsi : la femme, possède un crâne postérieur plus bas, plus large, avec diamètres orbitaires hauts, et crêtes, sutures, proéminences moins marquées que chez l'homme. C'est ainsi que la crête interorbitaire et sus glabellaire manque généralement chez elle (Benedikt) et que la glabelle elle-même fait souvent défaut. Enfin, la moitié postérieure de l'arc naso-occipital est relativement plus grande, l'arc lambdo-occipital plus long chez la femme que chez l'homme en longueurs absolues. Poirier trouve les variétés dans les rapports topographiques du crâne et du cerveau peu marquées dans les sexes ; moins que les variétés individuelles. Contrairement à l'opinion de Féré; elles ne lui ont pas paru pouvoir être rapportées à la forme ou au volume du crâne.

Nous avons déjà indiqué, chemin faisant, les différences signalées par les anatomistes pour chacun des rapports des sillons et des scissures ; de même pour les différences tenant aux variations dans les indices céphaliques.

Les différences dues à la race ont été en général peu étudiées ; leur connaissance ne peut être que le résultat de longues études sur plusieurs séries de crânes et de cerveaux, et les données que nous possédons actuellement ne permettent guère de tirer des conclusions. CHIARUGI a montré que le lobe frontal est plus développé chez les brachycéphales. Nous avons vu ses conclusions à propos du sillon de Rolando. BROCA et DE LA FOULHOUZE ont trouvé le sillon de Rolando loin de la suture coronale, et la scissure perpendiculaire externe très en avant de la suture lambdoïde chez un dolichocéphale. Ils en concluent qu'il y a probablement une relation entre les degrés de dolichocéphalie et l'allongement des lobes frontaux et occipitaux. BROCA a trouvé dans les races inférieures un avancement de la scissure perpendiculaire ; FÉRÉ a fait la même observation, il note en outre que la scissure sylvienne ne paraît pas modifiée dans ses rapports avec la suture temporo-pariétale.

D'après MARSHALL et TOPINARD le sillon de Rolando serait plus oblique chez le Nègre que chez l'Européen. Pour LUCAS-CHAMPIONNIÈRE, le chirurgien n'aurait pas à s'occuper seulement de la race, mais surtout du sexe.

Enfin, les *différences dues à des déformations du crâne ou à des lésions du cerveau* sont très variables. BROCA le premier s'est occupé de cette question en 1871, à propos d'un cas de *déformation toulousaine* du crâne. Il a trouvé le sillon de Rolando beaucoup plus oblique, et plus éloigné du bregma à sa partie supérieure. Les distances rolando-coronales étaient : en haut 57 millim., en bas 18. Les rapports du lobe occipital n'étaient pas changés. FÉRÉ a signalé les principales variations des rapports dans les cas de *déformations du crâne*. Selon lui, le sillon de Rolando peut se trouver plus près du bregma chez les sujets dont la suture métopique ne se soude que tardivement ou ne se soude pas; cependant la région frontale se développe davantage chez eux. Après la soudure de la suture métopique, la distance qui sépare les deux bosses frontales subit un arrêt de développement ; lorsque la soudure se fait trop vite, *trigonocéphalie*, il y a obstacle au développement de la région frontale du cerveau. Chez les enfants atteints de *plagiocéphalie*, causée par le décubitus, l'extrémité supérieure du sillon de Rolando est plus rapprochée du bregma du côté où la bosse frontale est le plus saillante, et la scissure perpendiculaire externe est plus en avant du lambda du même côté, mais la différence est beaucoup moindre. La déviation de l'extrémité inférieure du sillon est très peu accusée. Dans la *microcéphalie frontale*, Féré pense qu'il est fortement reporté en arrière du bregma. Féré a montré la fréquence des déformations du crâne chez les épileptiques : asymétrie cranio-faciale, déformations dues à des synostoses prématurées, et autres anomalies morphologiques ; plagiocéphalie, microcéphalie, macrocéphalie, prévalence de la demi-circonférence postérieure sur l'antérieure, capacité exagérée des fosses cérébelleuses, etc. ; épaississement partiel ou général des os du crâne. Féré a examiné un sujet ayant une bosse occipitale prononcée, et n'a pas trouvé de modifications dans les rapports cérébro-crâniens. Nous avons rencontré dans notre série de crânes un sujet qui avait également une bosse occipitale très développée ; mais à l'encontre de Féré, nous avons trouvé la scissure perpendiculaire externe considérablement reculée, et située bien en arrière du lambda (v. Planche I, crâne P).

Les variations topographiques dans la classe des *dégénérés* sont loin d'être constantes et d'être soumises à des règles fixes. Le type du criminel né de Lombroso est une conception de l'esprit ne répondant à aucun type connu. C'est l'opinion de Dana. Pour lui, tout ce qu'on peut dire de plus général et de plus vérifiable par l'observation directe du crâne et du cerveau, c'est que chez les cérébraux (épileptiques, aliénés, criminels, etc.), il y a plus souvent perversion du type normal que chez les personnes saines. Cependant, il a trouvé ordinairement chez ces individus l'arc frontal au minimum, l'arc pariétal plus court, mais il les a vus quelquefois, au contraire, exagérés. Chez certains épileptiques et les idiots avec arrêt de développement de la partie antérieure du crâne, la distance entre le bregma et le sillon de Rolando est généralement moins longue que d'ordinaire, la fin du sillon ne subissant aucun changement dans sa situation ordinaire. Féré a vu deux fois la distance rolando-bregmatique réduite à moins de 33 millim. chez deux épileptiques idiotes.

Il a montré, en outre, que le sillon de Rolando peut être rapproché du bregma chez les individus qui ont eu des lésions destructives anciennes de la région frontale. Chez les *anciens amputés*, Féré trouve que le fait est loin d'être constant, bien qu'il ait, lui-même, cité des cas où le sillon de Rolando était avancé. Chez une femme amputée depuis 40 ans, le sillon du côté opposé était avancé de 5 millim.; dans un autre cas publié avec Mayor, les distances rolando-bregmatiques étaient avancées des deux côtés (33 millim.) chez un amputé de jambe depuis 30 ans.

CHAPITRE XIII.

APERÇU SUR LES LOCALISATIONS CÉRÉBRALES DANS LEURS RAPPORTS AVEC LA TOPOGRAPHIE CRANIO-CÉRÉBRALE.

Nous n'avons pas l'intention d'aborder ici l'étude complète des localisations cérébrales chez l'homme. Ce serait sortir du cadre bien déterminé de notre travail. Néanmoins il nous a semblé impossible de ne point donner très sommairement un résumé des connaissances acquises sur ce sujet, car nous l'avons dit plus haut, c'est la localisation cérébrale qui guide la trépanation et rend indispensable l'étude de la topographie crânio-cérébrale.

Il existe à la surface du cerveau des zones latentes et sensorielles, et des zones psycho-motrices. Les premières sont encore assez mal déterminées ; quant aux secondes, celles dont la moindre lésion retentit sur la motilité, les recherches modernes des cliniciens et des physiologistes en ont aujourd'hui parfaitement déterminé les territoires.

Ces zones motrices corticales sont groupées autour du sillon de Rolando au niveau des circonvolutions frontale et pariétale ascendantes, et du lobule paracentral.

La partie supérieure (2/3) de la pariétale ascendante et le lobule paracentral, ainsi que le 1/3 supérieur de la frontale ascendante commandent aux mouvements du membre inférieur du côté opposé.

La frontale ascendante dans la partie qui correspond au

pied de la deuxième circonvolution frontale constitue le centre moteur du membre supérieur. Dans cette région motrice des

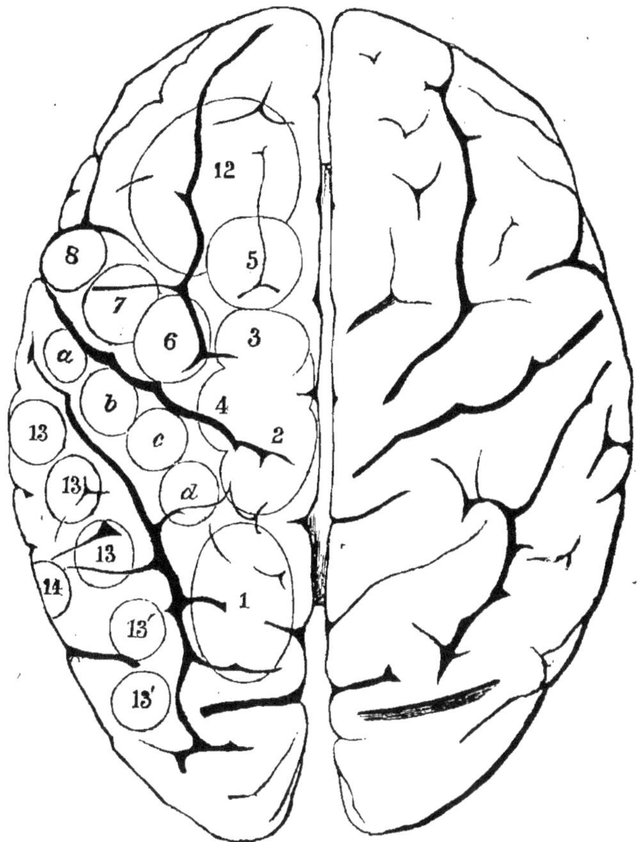

Fig. 12. — Centres psycho-moteurs de l'écorce du cerveau (Ferrier). Face supérieure du cerveau de l'homme.

1 à 6, centres des mouvements des membres (*hémiplégie*) ; — 7 et 8, centres des mouvements des commissures des lèvres (*paralysie faciale*) ; — 9 et 10, centre des mouvements des lèvres et de la langue, destinés à l'articulation des mots (mémoire des mouvements du langage parlé ou mémoire motrice verbale (*aphasie motrice* ou *aphémie*) ; — 11, centre de rétraction de l'angle de la bouche ; — 12, centre pour les mouvements latéraux de la tête et des yeux, et centre de la mémoire des mouvements de l'écriture ou mémoire motrice graphique (*agraphie*) ; — 13, centre de la mémoire des mots écrits ou imprimés, ou mémoire visuelle verbale (*cécité verbale*), et 13[1], centre de la vision binoculaire (*hémianopsie*) ; — 14, centre de l'audition (mémoire des sons verbaux ou mémoire auditive verbale) (*surdité verbale*).

membres certains points président spécialement : 1° à certains mouvements associés du bras, de la jambe et du tronc comme dans la natation ; 2° à l'extension en avant du bras et de la

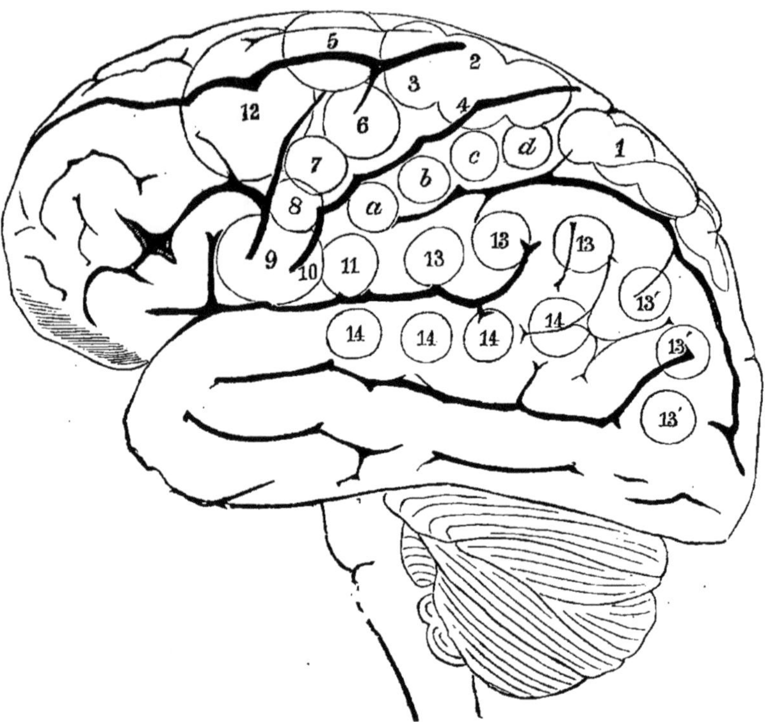

Fig. 13. — Centres psycho-moteurs de l'écorce du cerveau (Ferrier). Face latérale du Cerveau.

1 à 6, centres des mouvements des membres (*hémiplégie*) ; — 7 et 8, centres des mouvements des commissures des lèvres (*paralysie faciale*) ; — 9 et 10, centre des mouvements des lèvres et de la langue, destinés à l'articulation des mots (mémoire des mouvements du langage parlé ou mémoire motrice verbale) (*aphasie motrice* ou *aphémie*) ; — 11, centre de rétraction de l'angle de la bouche ; — 12, centre pour les mouvements latéraux de la tête et des yeux, et centre de la mémoire des mouvements de l'écriture ou mémoire motrice graphique (*agraphie*) ; — 12, centre de la mémoire des mots écrits ou imprimés, ou mémoire visuelle verbale (*cécité verbale*); — 13', centre de la vision binoculaire (*hémianopsie*); — 14, centre de l'audition (mémoire dee sons verbaux ou mémoire auditive verbale) (*surdité verbale*).

main ; 3° à la supination et la flexion de l'avant-bras ; 4° aux mouvements isolés ou combinés des doigts et du poignet ; 5° aux mouvements de préhension.

Le 1/3 inférieur des frontale et pariétale ascendantes et les parties voisines de la 3° frontale sont les centres moteurs de la tête et de la face.

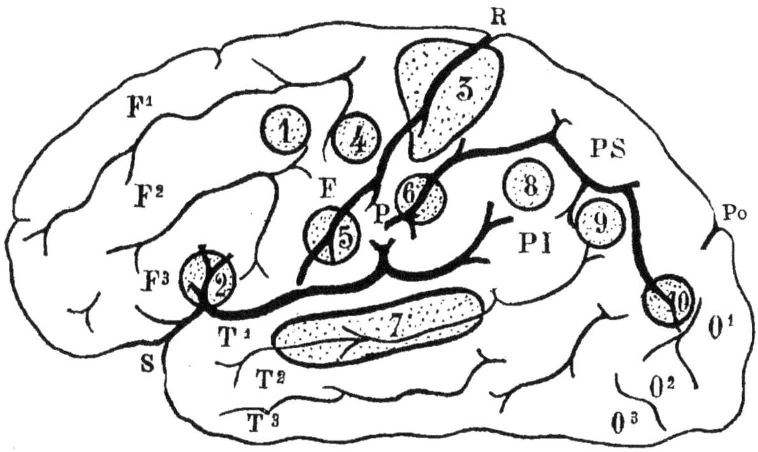

Fig. 14. — Schéma des centres corticaux chez l'homme.

F¹, F³, F³, circonvolutions frontales ; — F, P, frontale et pariétale ascendantes ; — Ps, Pi. lobules pariétaux supérieur et inférieur ; — O¹, O², O³, circonvolutions occipitales ; — T¹, T², T², circunvolutions temporales ; — R, sillon de Rolando ; — S, scissure de Sylvius ; — Po, scissure perpendiculaire externe. 1, centre de la mémoire des mouvements de l'écriture ou mémoire motrice graphique (*agraphie*) ; — 2, mémoire des mouvements du langage parlé ou mémoire motrice verbale (*aphasie motrice ou aphémie*) ; — 3, mouvements du membre inférieur ; — 4, mouvements du membre supérieur ; — 5, mouvements de la face ; — 6, centre de la vision binoculaire (*hémianopsie*) ; — 7, mémoire des sons verbaux ou mémoire auditive verbale (*surdité verbale*) ; 8, centre de la mémoire des mots écrits ou imprimés ou mémoire visuelle verbale (*cécité verbale*) ; — 9, centre des mouvements des yeux ; — 10, centre de la vision (*amaurose*).

Moins bien déterminées et moins certaines sont les localisations suivantes :

Le pli courbe et la 2° pariétale qui seraient le centre moteur des muscles de l'œil et de la paupière ;

La partie postérieure de la 2e frontale : centre moteur du cou et de la nuque ;

Extrêmité inférieure de la frontale ascendante au voisinage du pied de la 3e circonvolution frontale : centre moteur des muscles de la bouche et de la langue.

A côté de ces centres corticaux, dont les lésions provoquent des troubles de motilité, il faut citer encore des localisations bien déterminées dont les lésions provoquent, non comme on l'avait cru d'abord des troubles moteurs, mais des troubles de la mémoire motrice. Tels sont : le pied de la 3e circonvolution frontale gauche pour l'aphasie proprement dite ;

L'union de la 2e frontale gauche avec la 3e pour l'agraphie.

On peut encore citer à gauche dans le pli courbe, ou dans le lobule pariétal inférieur, le centre dont la lésion provoque le phénomène pathologique de la cécité verbale ; de même pour la première circonvolution temporo-sphénoïdale dont la lésion détermine la surdité verbale.

Enfin, certains centres corticaux sensoriels semblent bien définis chez l'homme. Les centres visuels siègeraient : 1° dans la 1re et 2e circonvolutions occipitales avec le pli courbe et le lobule du pli courbe ; 2° dans le cuneus et peut-être le pied de la deuxième temporale adjacente. Les lobes occipitaux aussi feraient partie de l'appareil de la vision.

Quelques observations semblent venir justifier l'opinion qui place un centre auditif dans le lobe temporal gauche.

Des figures intercalées dans le texte, nous permettent, au reste, d'abréger ce chapitre. Mieux que des mots, elles montreront exactement ce que l'on sait aujourd'hui des localisations cérébrales tant chez l'homme que chez les animaux (Voyez fig. 12, 13, 14 et Pl. II).

CHAPITRE XIV.

APERÇU DE LA TRÉPANATION GUIDÉE PAR LES LOCALISATIONS CÉRÉBRALES DANS CES DERNIÈRES ANNÉES.

Avant de terminer ce travail sur la topographie cranio-encéphalique et de donner le résumé des indications nécessaires au chirurgien pour découvrir un point quelconque du cerveau, nous ne croyons pas inutile de donner un très rapide aperçu des applications chirurgicales faites jusqu'ici de ces connaissances topographiques.

La trépanation, bien que datant de la plus haute antiquité, a été jusqu'à ces dernières années sans autre guide que le hasard. Lucas-Championnière disait en 1878 : « La pratique du trépan a été jusqu'à une époque bien rapprochée de nous tout empirique, peu différente en principe de celle des sauvages, des arabes de l'Aourès et probablement de l'homme préhistorique. Le chirurgien était mieux armé, mais pas infiniment mieux guidé. Il avait tout l'acquis de l'observation qui lui permettait de peser les symptômes, d'en mieux apprécier la valeur. Mais dans le choix des cas et surtout dans la détermination du lieu de la blessure, il restait sans ressource précise. Aujourd'hui, ce premier point sera beaucoup mieux établi, et l'appréciation des symptômes elle aussi aura fait de grands progrès. Puis l'opération elle-même, par l'emploi de la méthode antiseptique sera complètement soustraite aux complications reprochées à l'accès de l'air. »

En 1866, Broca, appliquant la découverte du centre de la mémoire motrice des mots, qu'il avait faite lui-même quelques années auparavant, trépanait en se guidant pour la première fois sur les localisations cérébrales. Son malade était atteint d'aphasie motrice secondaire. Broca évacua un abcès qui comprimait le centre du langage, mais, malgré une amélioration immédiate du symptôme aphasie, le malade mourait au bout de 48 heures.

Depuis, les observations se sont multipliées et les succès ont encouragé les chirurgiens. Un grand nombre de travaux et d'observations ont été publiés sur la question. Nous citerons parmi les premiers ceux de Ch. Paris (1), Proust et Terrillon (2), en 1876, S. Pozzi en 1877, et le mémoire important de Lucas-Championnière en 1878. Ce dernier a tenté de réhabiliter la trépanation en en faisant une opération rationnelle guidée et réglée comme une « ligature d'artère ». Il rappelle les travaux de Charcot et Pitres et de Ferrier, et décrit une zone motrice située tout entière au voisinage du sillon de Rolando, et sur laquelle le chirurgien doit trépaner quand il intervient pour un trouble moteur. Ce champ opératoire n'aurait que 8 centim. de haut sur 3 1/2 de large, 5 au maximum, de sorte que pour des lésions étendues, on pourrait « couvrir la région motrice de couronnes de trépan. » Lucas-Championnière parle à peine des paralysies sensorielles. Pozzi fait des restrictions sur les conclusions de Lucas-Championnière, et dit que si l'on trépanait toute la région motrice, on aurait non pas 24 centim. carrés, mais 63 d'après ses mensurations. Néanmoins, Lucas-Championnière a été un des promoteurs de la trépanation guidée par les localisations cérébrales.

---

(1) Ch. Paris. Indications de la trépanation des os du crâne au point de vue de la localisation cérébrale. Th. Paris, 1876.

(2) Proust et Terrillon. Acad. de Méd., 28 nov. 1876.

Depuis cette époque, la question a fait considérablement de progrès, grâce à la connaissance beaucoup plus parfaite des localisations cérébrales. La gravité de la trépanation a diminué par les récents progrès chirurgicaux, et la mortalité a baissé dans de fortes proportions. AMIDON (1), d'après un examen minutieux de 115 observations de trépanation, conclut que la mortalité par l'opération elle-même n'est pas de plus de 3,2 pour 100 ; et FERRIER (2) (1889) n'admet pas, que du fait même de l'opération, elle soit de plus de 1,6 pour 100. Les statistiques de WALSHAM, BLUHM et SEYDEL, établies d'après de nombreuses observations (686, 331, 289), donnent respectivement 50/100, 44/100, 15,5/100 en mortalité absolue ; mais il ne faut pas perdre de vue dans quelles circonstances sont généralement pratiquées les trépanations, et la gravité des accidents qui les ont nécessitées.

L'épilepsie jacksonienne a été l'objet d'études particulières depuis quelques années ; presque tous les chirurgiens sont aujourd'hui d'accord pour faire de la trépanation son traitement ordinaire.

ROLLAND (3) (1888) conclut d'une étude sérieuse sur ce sujet qu'on ne doit pas hésiter quand le début des convulsions est nettement limité.

ÉCHEVERRIA, sur 145 cas de trépanation pour épilepsie traumatique, cite 93 guérisons, 18 améliorations, 28 décès seulement.

DUMAS (4) (1889), dans sa thèse sur la trépanation dans l'épilepsie, formulait les conclusions suivantes : « La trépanation est une opération bénigne quand elle est pratiquée sous le

(1) AMIDON. Annals of surgery vol. I, 1885.

(2) FERRIER. Cerebral localisation in its practical relations. In Brain. july 1889, p. 36.

(3) ROLLAND : De l'épilepsie jacksonienne. Th. Paris 1888.

(4) DUMAS : Trépanation dans l'épilepsie. Th. Paris, 8 mai 1889.

couvert de l'antisepsie... Elle est indiquée formellement dans les accidents épileptiformes consécutifs à des foyers pathologiques anciens... Elle trouve également des indications conditionnelles dans certains cas d'épilepsie dite idiopathique. Ces conditions sont : 1° le peu de temps écoulé depuis l'apparition des premières attaques : 2° la rapidité d'évolution de la maladie et la fréquence de plus en plus grande des accès. »

Péchadre (1) et Lucas-Championnière (2) ont chacun cité des observations intéressantes de trépanations guidées par les localisations.

Plus récemment encore, Féré (1890) dans son ouvrage sur les épilepsies et les épileptiques disait : « Lorsque l'attaque (d'épilepsie) est nettement localisée au début ou clairement prédominante dans un membre ou dans un autre, dans un côté de la face, sans tenir compte du point d'application du choc, il faut agir sur le point désigné par les localisations cérébrales les mieux établies ». Féré n'admet pas que l'ancienneté des accidents constitue une contre-indication à la trépanation, il cite une guérison obtenue par Larrey dans un cas d'épilepsie traumatique datant de plus de 30 ans, par l'ablation d'une esquille. Pour Féré « en l'absence de tout traumatisme, l'existence d'un spasme localisé ou prédominant, coïncidant avec une douleur siégeant du côté opposé de la tête, surtout s'il existe en même temps des phénomènes paralytiques permanents et graduellement développés du côté du membre le plus affecté par le spasme, donnent lieu à une indication précise de la même intervention chirurgicale. Les sensations subjectives localisées, les auras, servent encore de signes précieux. »

---

(1) Péchadre : De la trépanation dans les épilepsies jacksoniennes non du crâne traumatiques. Th. Lyon, 6 juillet 1889.

(2) Lucas-Championnière : Sur une série de 20 cas de trépanation (Bull. Soc. Chir., 27 juin 1888).

La chirurgie contemporaine a pu enregistrer plusieurs heureuses ablations de tumeurs. L'existence de signes de tumeurs n'a pas paru indispensable pour justifier l'intervention chirurgicale, principalement lorsqu'une intervention rapide s'imposait par des convulsions subintrantes. Dans un cas de LÉPINE, par exemple, la trépanation motivée par un état de mal ne fit découvrir aucune lésion grossière et fut cependant suivie d'une guérison apparente qui persistait au bout de 4 mois. L'opération paraît agir dans ces cas en modifiant la pression intra-crânienne » (FÉRÉ). Nous savons que le Prof. L. LE FORT a eu un cas de guérison analogue, obtenu chez un malade trépané pour de très nombreuses attaques d'épilepsie ; il ne trouva rien d'anormal après avoir ouvert le crâne, et le malade guérit de l'opération et de son épilepsie.

BENDANTI, au congrès de Bologne, a été favorable au traitement de l'épilepsie par la trépanation. Voici les conclusions posées par HORSLEY (1) dans son rapport de chirurgie au récent congrès de Berlin.

« J'ai pratiqué deux trépanations pour méningite ; toutes les deux ont été suivies de mort. L'efficacité de l'intervention opératoire dans les affections inflammatoires diffuses des méninges est donc encore douteuse ; *mais dans les affections localisées, dans les abcès, l'opération est toujours indiquée.*

Les malades atteints de tumeurs du cerveau doivent être opérés au plus tôt. L'opération est indiquée même dans le cas où l'existence de la tumeur n'étant que probable, aucune amélioration ne survient dans l'espace de six semaines. Dans la pachyméningite, il faut se borner à l'excision de quelques fragments épaissis de la dure-mère, mais on doit toujours

---

(1) HORSLEY : *Semaine médicale*, 1890, p. 318, N° 37 ; Congrès de Berlin, 4 au 9 août 1890, et *Bulletin thérapeutique*, N° 36, p. 281, revue chirurgicale, par Terrillon.

opérer de bonne heure. J'extirpe aussi les gommes cérébrales, car je crois que le traitement médicamenteux spécifique ne peut que les améliorer, mais qu'il ne les guérit jamais. Les tubercules et toutes les tumeurs malignes en général doivent être aussi extirpées... Dans les cas où la tumeur maligne est trop volumineuse pour être enlevée en totalité, on doit opérer quand même : on en extirpe ce qu'on peut et on procure au malade un soulagement considérable.

Les athétoses peuvent aussi bénéficier de l'intervention opératoire...... Lorsque j'opère des cas d'épilepsie jacksonienne, je commence par explorer l'écorce cérébrale à l'aide du courant galvanique, et j'excise la partie dont l'excitation électrique provoque les secousses convulsives. Sur 43 opérés j'en ai perdu 10 dont 2 de shock traumatique et 2 par septicémie...... »

Burckhardt (de Préfargier) a, au même congrès, fait une communication sur « *les excisions d'écorce cérébrale comme contribution au traitement chirurgical des psychoses* », principalement dans les hallucinations de l'ouïe.

Malgré les succès opératoires du professeur, nous doutons de la vulgarisation de son traitement dans la pratique chirurgicale. Féré pense que « l'excision des centres corticaux n'a pas encore fait ses preuves au point de vue de la cure radicale de l'épilepsie partielle. L'amélioration momentanée peut être attribuée à l'excitation locale aussi bien des téguments que du cerveau, puisqu'on peut aussi la retrouver dans des cas où le cerveau n'a pas été touché. » Oppenheim a cité aussi au congrès de Berlin plusieurs observations intéressantes de trépanations guidées par les localisations et suivies de succès.

Malgré tous ces faits et tous ces travaux, la question de la trépanation a encore de grands progrès à faire, et les observations de trépanations pratiquées sans qu'il existât ni plaie, ni cicatrice, ni saillie des os du crâne ou des téguments pouvant servir de guide au chirurgien sont aujourd'hui encore bien peu nombreuses. Suivant Féré, la première pratiquée en France dans ces conditions serait une opération *toute récente* que Ballet, Gélineau et Péan ont communiqué à l'Académie de médecine. Il s'agit dans l'observation d'un fibro-lipome de la dure-mère ayant amené des convulsions initiales du membre inférieur droit.

Poirier, dans son travail sur la topographie crânio-cérébrale et la trépanation, dit : « L'opération du trépan n'offre pas de très grandes difficultés ; elle n'est jamais grave en elle-même, à la condition expresse qu'une antisepsie absolue et rigoureuse ait été employée, sa mortalité est aujourd'hui inférieure à 10 pour 100 ; encore faut-il dire que cette mortalité est due moins à l'opération qu'aux affections contre lesquelles celle-ci a été employée. »

Ces quelques mots résument parfaitement l'état actuel de la question, et montrent que Kirmisson (*Manuel de Pathologie externe*, T. II, p. 38, Paris 1885), est peut-être trop timide dans ses conclusions relatives à la trépanation.

EXPÉRIENCES.

Les résultats que nous avons obtenus sont exposés dans les tableaux qui suivent. Nous y indiquerons d'abord en un tableau les résultats fournis par l'étude de tous nos crânes, puis les moyennes pour chacune des séries de mensurations que nous avons faites, en donnant séparément celles qui s'appliquent à des individus dont l'indice céphalique est inférieur à 80 (dolichocéphales) et celles qui concernent ceux dont l'indice est supérieur à 80 (brachycéphales).

En outre, nous donnerons, sous la rubrique « moyennes sans extrêmes » les moyennes de la très grande majorité des cas, c'est-à-dire que nous avons retranché pour les établir toutes les dimensions qui nous paraissaient anormales ou exagérées.

Nous avons fait suivre de ? certaines mesures qui n'ont pu être prises d'une façon certaine, à cause de l'effacement d'une saillie ou d'une suture.

LIEUX D'ORIGINE.	Age et Sexe.	Indice céphalique	Poids du cerveau.	Arc sagittal (mesuré sur le crâne.)	Arc naso-breg-matique.	Arc inio-lamb-doïdien.	Distances de l'opisthion à l'inion.
....	H.47	78,9	1350	305	124	56	50
....	H.41	78,8	1238	319	125	60	42
Lille............	H.38	80,3	1534	311	116	58	50
Rocroy (Ardennes)	H.43	76,5	1520	325	137	69	52
Suisse..........	H.30	81,8	1445	326	125	77	45
....	H.71	83,1	1280	301	122	55	50
....	H.50	78,5	1448	325	131	63	52
....	H.70	81,5	1230	341	134	58	45
....	H.74	75,6	1240	351 ?	128	84 ?	41 ?
Flandre..........	H.55	79,2	1382	351	127	97	42
....	H.	79,0	1364	315	118	74	50
Ypres............	H 62	73,5	1065	311	124	73 ?	45
Sarthe..........	F. 66	86,1	1254	317	119	83	42
Dunkerque.......	H.35	80,8	1232	295	120	47	50
Hellemmes (Lille).	F. 43	77,7	1100	304	115	64	40
Bruges..........	F. 35	79,5	1315	343	133	72	40
....	H.53	»	1210	307	117	75	38
....	H.40	81,0	1445	323	120	54	45
....	H.29	82,0	1370	321	120	71	47
....	H.30	82,3	1315	322	121	62	51

NOMS DES CRANES.	LIEUX D'ORIGINE.	MESURES ROLANDIQUES				Angle rolando-sagittal mesuré au goniomètre céphalique.	Angle fait par la scissure de Sylvius avec la scissure de Rolando.	Angle fait par la scissure de Sylvius dans sa partie entre avec la …
		Distances de la glabelle au sillon de Rolando (extr. sup.).	Distances rolando-bregmatiques.	Distances rolando-coronales inférieures	Distances de l'extrémité du sillon de Rolando à l'apophyse orbit. ext.			
A	....	176	52	25 1/2	41	66°	55°	5…
B	....	165	40	21	52	65°	58°	5…
C	Lille............	157	41	31	68	69°	59°	5…
D	Rocroy (Ardennes)	182	45	29	60	67°	54°	5…
E	Suisse..........	187	62	29	61	65°	48°	5…
F	....	163	41	29	69	68°	48°	6…
G	....	173	42	35	70	73°	44°	6…
H	....	181	47	35	65	67°	52°	5…
I	....	190	62	36	73	66°	48°	6…
J	Flandre..........	188	61	29	63	66°	45°	6…
K	....	175	57	42	79	71°	48°	6…
L	Ypres...........	174	50?	30	61	67°	42°	6…
M	Sarthe..........	166	47	20	61	67°	61°	6…
N	Dunkerque......	165	45	25	46	69°	27°	6…
O	Hellemmes (Lille).	170	55	27	40	69°	49°	6…
P	Bruges..........	180	47	25	44	71°	60°	6…
Q	....	163	46	42	62	74°	58°	5…
R	....	175	55	45	64	64°	44°	6…
S	....	165	45	32	57	70°	45°	6…
T	....	172	51	29	69	68°	50°	6…

LIEUX D'ORIGINE.	MESURES SYLVIENNES					
	Distances de l'origine de la scissure de Sylvius à l'apoph. orbit. ext.	Hauteurs de la scissure Sylv. au-dessus du méat auditif.	Hauteurs de la scissure au-dessus du point le plus élevé de la suture squameuse.	Distances de l'extrémité sup^re de la scissure sylvienne à la scissure rolandique.	Distances de l'extrémité sup^re de la scissure sylvienne à la suture sagittale.	Longueurs de la perpendiculaire abaissée du sommet de la scissure sylvienne sur le lambda.
....	34	50	0	58	82	35
....	25	53	7	67	48	55
Lille............	23	59	4	62	60	44
Rocroy (Ardennes)	32	54	2	53	76	42
Suisse..........	24	70	12	56	71	47
....	34	61	3	35	63	60
....	26	69	12	40	69	66
....	18	57	0	54	74	49
....	30	67	5	50	54	45
Flandre.........	35	61	3	42	80	51
....	35	59	5	32	57	48
Ypres...........	27			36	51	36?
Sarthe..........	25	61	4	48	46	41
Dunkerque.......	19	66	12	18	58	73
Hellemmes (Lille).	32	54	0	24	75	52
Bruges..........	17	53	0	60	48	26
....	29	64	7	45	64	32
....	24	59	2	31	78	51
....	20	60	6	37	69	61
....	29	55	1	39	79	52

NOMS DES CRANES.	LIEUX D'ORIGINE.	SCISSURE PERPEND. EXT. — Distances du lambda à l'extrémité de la scissure pariéto-occipitale.	SCISSURE PERPEND. EXT. — Distances de l'astérion à la scissure perpend. ext. supposée prolongée jusqu'à son niveau.	SILLONS FRONTAUX — Distance du 1er sillon frontal à la suture sagittale.	SILLONS FRONTAUX — Distance du 2e sillon frontal à la suture sagittale.	SILLON INTERPARIÉTAL — Distances de l'astérion au point le plus élevé du sillon interpariétal	SILLON INTERPARIÉTAL — Distances du sillon interpariétal (point le plus élevé) à la suture sagittale.	Hauteur de la ligne squameuse d'Anderson et Makins
A	....	0	6	22	49	80	35	5[illegible]
B	....	1	0	26	55	100	19	5[illegible]
C	Lille.	4	0	24	62	97	36	5[illegible]
D	Rocroy (Ardennes)	0	6	21	48	87	23	5[illegible]
E	Suisse..........	0	0	31	58	86	40	5[illegible]
F	....	0	9	35	64	90	36	5[illegible]
G	....	7	6	25	70	100	42	5[illegible]
H	....	13	3	31	66	96	41	5[illegible]
I	....	3	5	29	57	85	32	5[illegible]
J	Flandre.........	0	0	32	65	86	66	5[illegible]
K	....	0	4	37	74	85	39	5[illegible]
L	Ypres...........	0	6	24	51	96	31	5[illegible]
M	Sarthe..........	0	1	39	62	90	38	5[illegible]
N	Dunkerque	16	0	30	56	97	43	5[illegible]
O	Hellemmes (Lille).	0	— 9	28	52	70	55	5[illegible]
P	Bruges...	— 5	— 19	45	72	98	10	5[illegible]
Q	....	— 4	— 21	22	72	84	28	5[illegible]
R	....	0	14	21	50	95	45	5[illegible]
S	....	0	5	20	51	86	37	5[illegible]
T	....	0	0	25	54	100	28	5[illegible]

Moyenne des poids du cerveau.

	Tous les crânes.	Brachy-céphales.	Dolicho-céphales.
Moyenne générale..........	1317,35	1332,5	1302,2
Minimum	1065	1210	1065
Maximum..................	1544	1544	1520
Moyenne (sans extrêmes)....	1315	1325	1301

Arc sagittal.

	Tous les crânes	Brachy-céphales.	Dolicho-céphales.
Moyenne générale	320,65	316,4	324,9
Minimum.................	295	295	305
Maximum.................	351	341	351
Moyenne (sans extrêmes) ...	317,58	316,4	323,8

Arc naso-bregmatique.

	Tous les crânes.	Brachy-céphales.	Dolicho-céphales.
Moyenne générale..........	123,7	121,4	126
Minimum.................	115	116	115
Maximum.................	137	134	137
Moyenne (sans extrêmes)...	125,8	120,8	129

Distances inio-lambdoïdiennes.

	Tous les crânes.	Brachy-céphales.	Dolicho-céphales
Moyenne générale.	67,6	64	71.2
Minimum.................	47	47	56
Maximum	97	83	97
Moyenne (sans extrêmes) ...	65,1	63,7	71

Arc Glabello-Rolandique.

	Tous les crânes.	Brachy-céphales.	Dolicho-céphales.
Moyenne générale..........	173,15	176,9	169,4
Minimum.................	157	163	157
Maximum......	190	190	187
Moyenne (sans extrêmes)...	167,66	176,7	168

Distances Rolando-coronales.

a) SUPÉRIEURE.	Tous les crânes.	Brachy-céphales.	Dolicho-céphales.
Moyenne générale.	49,55	48	51,1
Minimum.................	40	41	40
Maximum.................	62	62	62
Moyenne (sans extrêmes) ...	49,4	48,3	50,2

b) INFÉRIEURE.	Tous les crânes.	Brachy-céphales.	Dolicho-céphales.
Moyenne générale..........	29,78	28,6	30,95
Minimum..................	20	20	21
Maximum	42	42	42
Moyenne (sans extrêmes)...	29,4	29,2	30,4

Distances de l'extrémité inférieure du sillon de Rolando à l'apophyse orbitaire externe.

	Tous les crânes.	Brachy-céphales.	Dolicho-céphales.
Moyenne générale..........	60,25	52,2	68,3
Minimum..................	40	46	40
Maximum..................	79	69	79
Moyennes (sans extrêmes) ..	61,28	52	68,1

Angle Rolando-sagittal.

	Tous les crânes.	Brachy-céphales.	Dolicho-céphales.
Moyenne générale..........	68,1	68,1	68,1
Minimum......	64	64	65
Maximum..................	74	74	73
Moyenne (sans extrêmes)...	»	»	»

Distances de l'extrémité de la scissure de Sylvius au sillon de Rolando.

	Tous les crânes.	Brachy-céphales.	Dolicho-céphales.
Moyenne générale..........	42,85	39,5	46,2
Minimum.................	18	18	24
Maximum.................	67	62	67
Moyenne (sans extrêmes)...	42,9	39,2	45,6

Distances de l'origine de la scissure de Sylvius à l'apophyse orbitaire externe.

	Tous les crânes.	Brachy-céphales.	Dolicho-céphales.
Moyenne générale..........	26,9	24,5	29,3
Minimum.................	17	18	17
Maximum.................	35	34	35
Moyenne (sans extrêmes)....	26,61	24,2	28,9

Distances de la scissure de Sylvius au point le plus élevé de la suture temporale

	Tous les crânes.	Brachy-céphales.	Dolicho-céphales.
Moyenne générale..........	4,75	3,5	6
Minima..................	0	0	0
Maxima..................	15	12	15
Moyenne (sans extrêmes)....	4,15	3,4	5,7

Distances de l'extrémité de la scissure de Sylvius à la ligne sagittale.

	Tous les crânes.	Brachy-céphales.	Dolicho-céphales.
Moyenne générale..........	65,01	66,4	63,8
Minima....	46	46	48
Maxima..................	82	79	82
Moyenne (sans extrêmes)....	64,69	66,6	63,5

Distances de l'extrémité de la scissure de Sylvius au lambda (MESURÉES SUR UNE PERPENDICULAIRE AU LAMBDA).

	Tous les crânes.	Brachy-céphales.	Dolicho-céphales.
Moyenne générale..........	49,30	51	47,6
Minimum.................	26	32	26
Maximum.................	73	73	66
Moyenne (sans extrêmes)....	41,30	49,5	45,8

Distances de la scissure perpendiculaire externe à la suture lambdoïde.

a) distances du lambda à la scissure.

	Tous les crânes.	Brachy-céphales.	Dolicho-céphales.
Moyenne générale..........	1,75	1,6	0,6
Minimum........	— 4	— 4	— 5
Maximum.................	+ 16	13	7
Moyenne (sans extrêmes)....	1	1,1	0,8

b) distances mesurées de l'extrémité externe de la suture à la ligne qui prolonge la scissure jusqu'à ce niveau.

	Tous les crânes.	Brachy-céphales.	Dolicho-céphales.
Moyenne générale........	0,8	1,1	0,5
Minimum.................	— 21	— 21	— 19
Maximum.................	14	9	14
Moyenne (sans extrêmes)....	1,1	1,1	2,7

Distances des sillons frontaux à la ligne médiane.

1er *Sillon Frontal.*

	Tous les crânes.	Brachy-céphales.	Dolicho-céphales.
Moyenne générale..........	28,35	27,8	28,9
Minimum............... ...	20	20	21
Maximum.............	45	39	45
Moyenne (sans extrêmes)....	30,15	28,4	30,1

2e *Sillon Frontal.*

	Tous les crânes.	Brachy-céphales.	Dolicho-céphales.
Moyenne générale..........	59,4	64,5	54,3
Minimum..................	48	50	48
Maximum..................	74	72	74
Moyenne (sans extrêmes)....	57,3	63,8	55,2

Distances du point le plus élevé du sillon pariétal à l'astérion.

	Tous les crânes.	Brachy-céphales.	Dolicho-céphales.
Moyenne générale..........	90,40	92,1	88,7
Minimum..................	70	84	70
Maximum..................	100	100	100
Moyenne (sans extrêmes)....	90	93,2	89,1

Distances minima du sillon pariétal à la ligne médiane.

	Tous les crânes.	Brachy-céphales.	Dolicho-céphales.
Moyenne générale..........	36,2	37,2	35,4
Minimum............ .. .	10	28	10
Maximum..................	66	45	66
Moyenne (sans extrêmes)...	37	37	35,6

Rapport de la ligne glabello-rolandique à l'arc sagittal total.

	Tous les crânes	Brachy-céphales.	Dolicho-céphales.
Moyenne genérale..........	$\frac{53}{100}$	$\frac{54}{100}$	$\frac{52}{100}$
Minimum..................	$\frac{51}{100}$	$\frac{54}{100}$	$\frac{51}{100}$
Maximum..................	$\frac{55}{100}$	$\frac{55}{100}$	$\frac{53}{100}$
Moyenne (sans extrêmes)....	$\frac{53}{100}$	$\frac{55}{100}$	$\frac{52}{100}$

Rapport de la distance inio-lambdoïdienne à l'arc sagittal total.

	Tous les crânes.	Brachy-céphales.	Dolicho-céphales.
Moyenne générale..........	$\frac{21}{100}$	$\frac{20}{100}$	$\frac{22}{100}$
Minimum.................	$\frac{16}{100}$	$\frac{16}{100}$	$\frac{18}{100}$
Maximum.................	$\frac{27}{100}$	$\frac{24}{100}$	$\frac{27}{100}$
Moyenne (sans extrêmes)...	$\frac{20}{100}$	$\frac{20}{100}$	$\frac{22}{100}$

CONCLUSIONS.

Pour terminer notre travail, nous allons donner un résumé succint de nos résultats les plus intéressants pour la pratique chirurgicale, ou plutôt nous allons formuler quelques règles qui permettront au chirurgien de découvrir d'une façon certaine le point du cerveau qu'il veut atteindre. Nous avons cherché avant tout des procédés exacts et précis, simples autant que possible.

Nous avons essentiellement tenu, pour rester dans le domaine pratique, à ne nous servir que de points de repère très faciles à sentir avec le doigt, ou du moins très faciles à déterminer — Ces points sont : la glabelle, l'inion, l'apophyse orbitaire externe à l'endroit où son bord postérieur se relève pour former le commencement de la ligne courbe temporale, le milieu de l'arcade zygomatique, l'astérion et le lambda.

Nous avons pris comme premier point de repère la *glabelle*; mais au lieu de prendre la glabelle proprement dite, c'est-à-dire la bosse frontale moyenne, nous nous sommes servi dans toutes nos recherches d'un point beaucoup plus facile à sentir avec le doigt, situé un peu au-dessus d'elle, et correspondant à l'endroit où l'os frontal s'enfonce brusquement en arrière pour aller rejoindre la suture fronto-nasale, c'est-à-dire un peu au-dessus du *nasion*.

Notre second point de repère, l'*inion*, ou protubérance

occipitale externe est 9 fois sur 10 fortement saillant, et sa détermination ne présente pas la moindre difficulté. Quelquefois pourtant, chez la femme surtout, il est nécessaire pour le reconnaître aisément, de fléchir fortement la tête, de façon à tendre le ligament cervical postérieur qui s'y insère, ou encore de suivre la ligne courbe occipitale supérieure qui y aboutit, et qui parfois se perçoit plus nettement. Ces deux procédés, conseillés par Poirier, permettent dans tous les cas de trouver l'inion.

Le point où le bord postérieur de l'*apophyse orbitaire externe* se relève pour former le commencement de la ligne courbe temporale peut toujours se reconnaître aisément avec le doigt. Il est situé un peu au-dessus de la queue du sourcil. La recherche du *milieu de l'arcade zygomatique* ne présente pas de difficultés.

L'*astérion*, ou point de réunion des sutures pariéto-mastoïdienne et lambdoïde, correspond à une dépression souvent profonde, toujours située tout à fait en arrière de la base de l'apophyse mastoïde. Nous l'avons toujours facilement senti. Si on ne le sentait pas, sa position serait néanmoins reconnue sans peine par l'apophyse mastoïde.

La recherbe du *lambda* nous a au contraire paru moins aisée qu'on ne le dit généralement. Le doigt seul ne suffit pas toujours à trouver sa situation, et il faut souvent pour y arriver mesurer sa distance de l'inion sur l'arc sagittal. Cette distance est de 67 millim. en moyenne sur le crâne, 70 environ sur le cuir chevelu, c'est-à-dire des $\frac{21}{100}$ de l'arc sagittal total (de la glabelle à l'inion). Cette proportion est un peu plus forte chez les dolichocéphales $\left(\frac{22}{100}\right)$ que chez les brachycéphales $\left(\frac{20}{100}\right)$

Ces 5 points de repère nous suffisent pour déterminer sur le crâne ou sur le cuir chevelu la position d'un point quelconque de la surface du cerveau. Nous allons montrer comment le chirurgien peut arriver sur ceux des centres moteurs ou sensitifs dont la connaissance exacte est à peu près certaine, au moyen de lignes tracées à l'aide de ces points de repère.

Cinq lignes sont nécessaires pour arriver à ce résultat : la première est la *ligne sagittale*, ou ligne médiane, qui va de la glabelle à l'inion. Cette ligne passe par le lambda que l'on a soin de marquer. Elle permet de trouver le *sommet du sillon de Rolando* qui, d'après nos recherches, est situé aux $\frac{532}{1000}$ de l'arc sagittal (en comptant à partir de la glabelle).

Quand l'arc sagittal est de 29 centimètres, le sommet du sillon est à 154 millim. de la glabelle, quand il est de :

30 centim.,	le sillon est à	159 1/2	millim.
31	—	165	—
32	—	170	—
33	—	175 1/2	—
34	—	181	—
35	—	186	—
36	—	191 1/2	—

Le sillon est de 5 millim. plus en avant chez les individus nettement dolichocéphales, et de 5 millim. plus en arrière chez les brachycéphales.

Si on joint le sommet du sillon de Rolando au milieu de l'arcade zygomatique, on obtient une seconde ligne « *ligne rolandique* » ou « *ligne zygomato-rolandique* », donnant la direction générale du sillon de Rolando avec une exactitude très suffisante (fig. 16, V, V').

Une troisième ligne, *ligne orbito-lambdoïdienne* (fig. 16, X, X'), allant de l'apophyse orbitaire externe au lambda, indique sur une longueur de 4 à 6 centimètres, à partir de ses 27 premiers millimètres, le trajet de la scissure de Sylvius.

Une quatrième ligne, *ligne astério-rolandique* (fig. 16, K, K'), allant du sommet du sillon de Rolando à l'astérion, et une cinquième, *ligne lambdoïdienne*, ou *astério-lambdatique* (fig. 16, L), allant d'un point situé à 2 millimètres en avant du lambda à l'astérion complètent nos lignes.

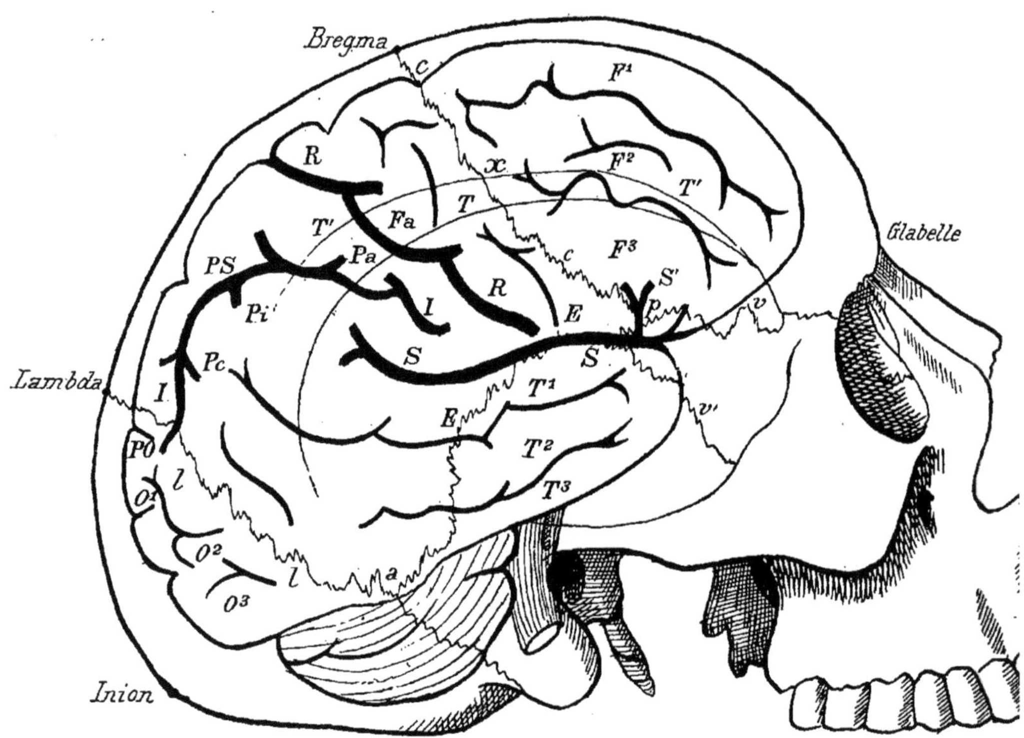

Fig. 15. Rapports des sutures avec la surface de l'encéphale.

F^1, F^2, F^3, 1re, 2e, 3e circonv. frontales ; — T^1, T^2, T^3, 1re, 2e et 3e circonv. temporales ; — O^1, O^2, O^3, 1re, 2e et 3e circonv. occipitales ; — PS, lobule pariétal supérieur ; — P*i*, lobule pariétal inférieur ; — P*c*, pli courbe ; — F*a*, frontale ascendante ; — P*a*, pariétale ascendante ; — S, S, scissure de Sylvius ; — R, R, sillon de Rolando ; — I, I, scissure interpariétale ; — P O, scissure perpendiculaire externe (figurée comme c'est l'exception et non la règle, au-dessous de la suture lambdoïde) ; — *c*, *c*, suture coronale ; — *x*, stéphanion supérieur ; — T' T', ligne courbe temporale supérieure ; — T, ligne courbe inférieure ; — *l*, *l*, suture lambdoïde ; — E, E, suture écailleuse ; — *a*, astérion ; — *p*, ptérion ; — *v*, suture corono-sphénoïdale ; — *v'*, suture temporo shénoïdale.

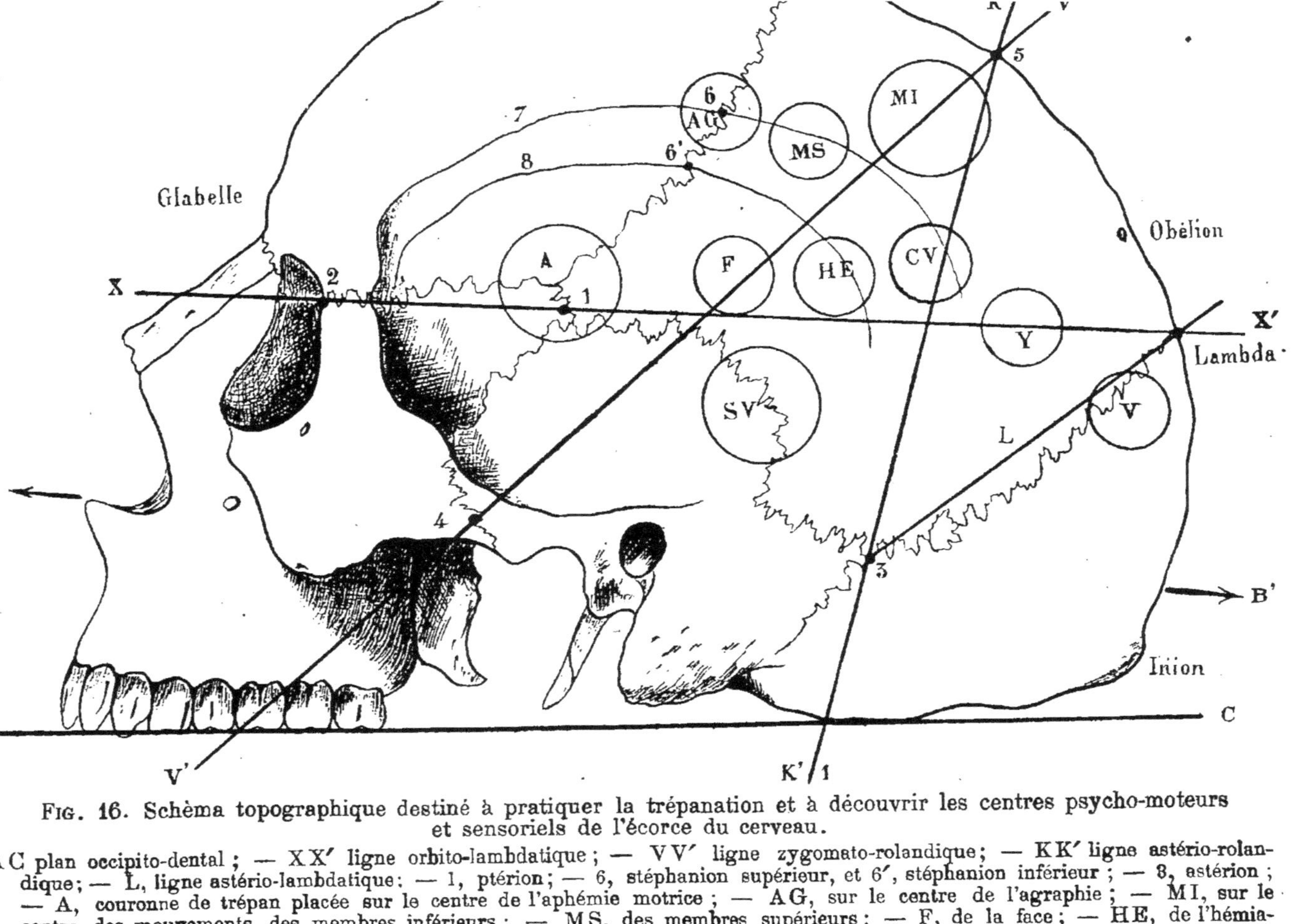

FIG. 16. Schèma topographique destiné à pratiquer la trépanation et à découvrir les centres psycho-moteurs et sensoriels de l'écorce du cerveau.

AC plan occipito-dental ; — XX′ ligne orbito-lambdatique ; — VV′ ligne zygomato-rolandique ; — KK′ ligne astério-rolandique ; — L, ligne astério-lambdatique ; — 1, ptérion ; — 6, stéphanion supérieur, et 6′, stéphanion inférieur ; — 8, astérion ; — A, couronne de trépan placée sur le centre de l'aphémie motrice ; — AG, sur le centre de l'agraphie ; — MI, sur le centre des mouvements des membres inférieurs ; — MS, des membres supérieurs ; — F, de la face ; — HE, de l'hémianopsie ; — SV, de la surdité verbale ; — CV, de la cécité verbale ; — Y, des mouvements conjugués des yeux ; — V, de la vision. — Les flèches indiquent le plan auriculo-spinal ou plan du regard horizontal (tête droite !).

Ces lignes tracées sur le crâne, il est très facile de déterminer la situation de tous les centres corticaux. (V. fig. 15 et 16).

Le *centre des mouvements du membre inférieur*, siégeant dans le tiers supérieur de la circonvolution frontale ascendante, les 2/3 supérieurs de la pariétale ascendante et le lobule paracentral se trouve au sommet de la ligne rolandique (fig. 15. M I).

Le *centre des mouvements de la face*, siégeant à la partie inférieure de la frontale et de la pariétale ascendante, se trouve à un centimètre environ au-dessus de la ligne orbito-lambdoïdienne sur la ligne zygomato-rolandique, en un mot juste au-dessus de l'entrecroisement des deux lignes précédentes (F).

Le *centre de la mémoire motrice des mots* (aphasie), siégeant dans le pied de la 3e circonvolution frontale gauche, se découvre en trépanant sur la ligne orbito-lambdoïdienne (A). ou plus exactement à quelques millimètres au-dessus de la ligne orbito-lambdoïdienne à 4 centimètres en arrière de l'apophyse orbitaire externe.

Le *centre de la mémoire motrice graphique* (agraphie), siégeant sur le pied de la 2e frontale à environ 4 centimètres de la ligne rolandique, se trouve en trépanant à quelques millimètres au-dessus de la ligne courbe temporale supérieure, un peu plus haut que le stéphanion supérieur, pratiquement à mi-distance de la ligne sagittale et de la ligne orbito-lambdoïdienne (A G).

Le *centre des mouvements du membre supérieur*, se trouve sur la circonvolution frontale ascendante immédiatement en arrière du centre précédent (M S). La détermination ne présente donc aucune difficulté.

Le *centre de la vision binoculaire* (hémianopsie), siégeant à cheval sur l'origine de la scissure interpariétale se trouve à 2 centimètres en arrière de la ligne rolandique et à 15 millimètres au-dessus de la ligne orbito-lambdoïdienne (H E).

Le *centre de la mémoire auditive verbale* (surdité verbale), siégeant dans la première et un peu la seconde circonvolution temporale (S V), se trouve dans l'angle ouvert en bas et en arrière et formé par la rencontre des lignes zygomato-rolandique et orbito-lambdoïdienne.

Le *centre de la mémoire visuelle verbale* (cécité verbale), siégeant dans le lobule du pli courbe, se découvre en trépanant sur la ligne rolando-astérique, à 15 millim. au-dessus de la ligne orbito-lambdoïdienne, car l'extrémité de la scissure de Sylvius, qui forme le centre du lobule du pli courbe, se trouve situé sur cette ligne rolando-astérique (C V).

Le *centre des mouvements des yeux*, situé dans le pli courbe, se trouve découvert quand on trépane à 20 millim. en arrière de la ligne rolando-astérique, sur la ligne orbito-lambdoïdienne (Y).

Le *centre de la vision*, situé dans la partie supérieure et interne du lobe occipital (cunéus), est découvert par une trépanation pratiquée dans l'angle postérieur formé par la rencontre de la ligne lambdoïdienne (qui correspond à la scissure perpendiculaire externe) avec la ligne sagittale (V).

Les *centres de l'olfaction* et de la *gustation* paraissent être situés, soit dans la corne d'Ammon (Ferrier), soit dans la circonvolution de l'hippocampe (H. Munk), et l'on a également placé dans la région de l'hippocampe le *centre de la sensibilité générale* (1). Mais nous ne sachions pas qu'un chirurgien ait encore été assez hardi pour aller à leur recherche sur un malade ; aussi bien n'insisterons-nous pas.

---

(1) Rappelons en passant ce fait curieux, que très souvent chez les épileptiques, on a trouvé des lésions de la corne d'Ammon.

Nous avons vérifié par des trépanations l'exactitude de ces procédés, et nous avons été frappé de leur rigueur. Sur deux crânes, dont un brachycéphale et un dolichocéphale, le *centre* de nos couronnes de trépan est toujours tombé exactement ou presque exactement sur les points que nous nous proposions de découvrir. L'erreur a rarement dépassé 4 millim., jamais 6. Nous pouvons donc dire, sans exagération, qu'une fois le *topo* de la figure 15 dessiné sur une tête quelconque, le chirurgien peut découvrir à volonté et avec sûreté le point de la surface du cerveau qu'il se propose de mettre à nu.

En résumé, si le mot n'était pas trop prétentieux, nous serions tenté de dire qu'une fois cette topographie achevée sur un crâne, on « voit », la surface de l'encéphale à travers la paroi crânienne comme si celle-ci était remplacée par une vitre.

INDEX BIBLIOGRAPHIQUE.(1)

GRATIOLET. — Anatomie comparée du système nerveux. T. II. Paris, 1857, p. 115 et 124.

P. BROCA. — Remarques sur le siège de la faculté du langage articulé. — *Bulletins de la Soc. anat.* 1861, p. 340.

BISCHOFF. — Die Grosshirnwindungen des Menschen. — Munich, 1868.

P. BROCA. — Sur la déformation toulousaine du crâne. — *Bullet. de la Soc. d'anthrop.* — 2e sér., t. VI, p. 104, Août 1871.

TURNER. — On the relations of the convolutions of the human cerebrum to the outer surface of the skull and head. Nov. 1873, in *The Journal of anat. and phys.*

HEFTLER. — Izviliny golovnavo morga on tchelovieka i otnochenia ich K'svodou tcherepa (Des circonvolutions chez l'homme et de leurs rapports avec le crâne). — Dissertation inaugurale à l'Académie médico-chirurgicale de St-Pétersbourg. — 5 mai 1873.

(1) Nous n'indiquons, dans cet index, que les ouvrages qui ont plus ou moins trait à la topographie cranio-cérébrale, sans nous occuper de ceux qui traitent de la trépanation, des localisations cérébrales, etc.

P. Broca. — L'équerre flexible auriculaire, nouvel instrument céphalométrique. — *Bullet. de la Soc. anthrop.* — 1873, p. 147.

Turner. — An illustration of the relations of the convolutions of the human cerebrum to the outer surface of the skull — May 1874, in *The Journal of anat. and phys.*

Ch. Féré. — Note sur quelques points de la topographie du cerveau. — *Bullet. de la Soc. anat.*, 1875, p. 828. *Archiv. de phys.* 1876, p. 247.

Ecker. — Die top. Beziehungen zwischen Schädel und Gehirn im normalen Zustand. — Brunswick, avril 1876.

P. de la Foulhouze. — Recherches sur les rapports anatomiques du cerveau avec la voûte du crâne chez les enfants. — Thèse de Paris, 1876.

P. Broca. — Sur la topographie cranio-cérébrale ou sur les rapports anatomiques du crâne et du cerveau. — *Revue d'anthropologie*, 1876, t. V, p. 193.

Ch. Féré. — Sur un cas de lésion probable du pli courbe. — *Compte-rendus de la Soc. de biol.* 26 fév. 1876.

P. Broca, Mierzcjewsky, Féré. — *Revue d'anthropologie*, t. V, 1876, p. 278.

S. Pozzi. — Article crâne du Dictionnaire encyclopédique des sciences médicales.

S. Pozzi. — Des localisations cérébrales et rapports du crâne avec le cerveau au point de vue des indications du trépan. — *Archiv. gén. de médecine*, avril 1877, p. 442.

J. Lucas-Championnière. — Académie de médecine, 9 janvier 1877.

Ch. Féré et Mayor. — Cerveau d'amputé. — *Bullet. de la Soc. anat.* 1877, p. 190.

Seeligmuller. — Notiz über das Topographische Verhältniss

der Furchen und Windungen des Gehirns zu den Nähten des Schädels. Archiv. für Psychiatrie. Bd. VIII.

Ch. FÉRÉ. — Bosses occipitales. — *Bullet. de la Soc. anat.* 1877, p. 205.

Ch. FÉRÉ. — Contribution à l'étude du développement du cerveau considéré dans ses rapports avec le crâne. — *Bullet. de la Soc. anat.* 1877, p. 478.

J. LUCAS-CHAMPIONNIÈRE. — La trépanation guidée par les localisations cérébrales. — Paris, 1878.

ECKER. — Ueber die Methoden zur Ermittlung der topogr. Beziehungen zwischen Hirnoberfläche und Schädel. *Archiv. für Anthrop.* Bd. X, 1878, p. 233-241.

Ch. FÉRÉ. — Note sur les cerveaux d'amputés. — *Progrès médical* et *Soc. biologie*, 1878, janv.

GIACOMINI. — Topographia della scissura di Rolando. — Torino, 1878.

Ch. FÉRÉ. — Note sur le développement du cerveau considéré dans ses rapports avec le Crâne. — *Revue d'anthropologie* 1879, p. 661.

G. MARCHANT. — Considérations cliniques, anatomiques, expérimentales et thérapeutiques sur les ruptures de l'artère méningée moyenne. — *Revue mensuelle de méd. et de chir.* 1880, p. 200 et 295.

LACHI. — Le circonvoluzioni cerebrali del l'uomo e nuovo processo di topographia cefalo-cerebrale. — Tesi, — Siena, 1880.

Ch. FÉRÉ. — Nouvelles recherches sur la topographie crânio-cérébrale. — *Revue d'anthropologie*, 1881, p. 468.

Ch. FÉRÉ. — Contribution à l'étude de la topographie crânio-cérébrale chez quelques singes. — *Journal de l'anat. et de la phys.*, 1882, p. 515.

GIACOMINI. — Variétés des circonvolutions cérébrales chez l'homme. — *Archives italiennes de biologie*, t. I, 1882, p. 231.

TURNER. — Report of the Human Crania. — *Challenger's Reports*, 1884, t. X.

A. W. HARE. — *Journal of Anat. and Phys.* — Janv. 1884. Vol. XVIII.

R. W. REID. — Observations ou the relation of the principal fissures and convolutions of the cerebrum to the outer surface of the scalp. — *In the Lancet,* 27 sept. 1884, p. 539.

GIACOMINI. — Guida allo studio delle circonvoluzioni cerebrale dell' uomo, 1884.

Ch. FÉRÉ. — 2e Note sur la topogr. crân. cér. chez les singes. — *Journal de l'anat. et de la phys.*, 1885.

THANE. — (Cité dans) Transactions of the American surgical association, vol. III, 1885, p. 33.

RIEGER. — Eine exakte Methode der Craniographie. — Iena, 1885.

CHIARUGI. — La forma del cervello umano. — Siena, 1886.

Ch. FÉRÉ. — Traité élémentaire d'anatomie médicale du système nerveux. — Paris, 1886.

SYMINGTON. — The anatomy of the child. — Edinburgh, 1887.

THANE. — (Cité dans) *American Journal of Medical Sciences*, 1887, p. 351.

V. HORSLEY. — A note on the means of topographical diagnosis of local disease affecting the so-called motor region of the cerebral cortex. — *In the American Journal of the Medical Sciences,* 1887, vol. XCIII, p. 342.

L. LANDOIS. — Lehrbuch der Physiologie des Menschen. Wien und Leipzig, 1887, p. 815.

BYROM-BRAMWELL. — Intracranial tumours. — Chapter XI, by Arthur W. Hare. — Edinburgh, 1888.

C.-L. DANA. — On cranio-cerebral topography. — *In the Medical Record.* — N° 2, 12 janv. 1889, p. 29.

W. ANDERSON et G.-H. MAKINS. — Experiments in cranio-cerebral topography. — *In The Journal of Anatomy*, 1889, p. 455, et *The Lancet*, 13 juillet 1890.

RANNEY 1889. — Applied anatomy of the nervons system, p. 69.

VIAULT et JOLYET. — Traité élémentaire de physiologie humaine. — Paris, 1889, p. 760-777.

Ch.-K. MILLS. — Cerebral localisation in its practical relations. — In : *Brain*, 1889, p. 233 et 358. — Travail lu au congrès de Washington, sept. 1888.

L.-A. MÜLLER. — Ueber die Topographischen Beziehungen des Hirns zum Schädeldach. — Thèse de Berne, 1889.

Ch. FÉRÉ. — Les Epilepsies et les Epileptiques. — Paris, 1890.

Ch. DEBIERRE. — Travaux récents en topographie crânio-cérébrale. — *Gaz. hebd. de méd. et de chir.*, 31 mai 1890, p. 254.

Ch. DEBIERRE. — Note sur la topographie crânio-cérébrale et un nouvel instrument, le goniomètre céphalique. — Congrès international des sciences médicales tenu à Berlin le 7 août 1890, et Association française pour l'avancement des sciences, Limoges, 12 août 1890.

ZERNOV. — Journal du VIIIe congrès des naturalistes et des médecins russes. — St-Pétersbourg, 1890 ; — et l'*Anthropologie*, t. 1, N° 4, 1890.

P. POIRIER. — Topographie crânio-encéphalique. Trépanation. — Paris, 1890.

PLANCHES

ET LÉGENDES.

Planche I.

Crânes sur lesquels la position des sillons et des scissures du cerveau a été tracée d'après notre procédé.

Le crâne P présente une bosse occipitale fortement saillante; le lobe occipital était reculé et la scissure perpendiculaire se trouvait en arrière de la suture bambdoïde ; les rapports du sillon interpariétal étaient également très modifiés. — De plus ce crâne est nettement hypsicéphale dans sa région frontale (1). Les crânes S et L ne présentent rien de particulier. — On voit sur le crâne T le goniomètre céphalique dont le centre est posé sur le sommet du sillon de Rolando (la description de cet instrument a été faite dans le texte, page 62).

---

(1) En raison de la double déformation de ce crâne, les rapports de ses sutures avec les sillons et scissures du cerveau étaient considérablement changés ; aussi l'avons-nous élagué pour établir nos moyennes. Néanmoins, le sillon de Rolando avait à peu près conservé sa position normale, parce que la déformation de la région occipitale du crâne était compensée par la propulsion de la région frontale (hypsicéphalie frontale). Les rapports anormaux des scissures s'expliquent par les malformations crâniennes, et la figure permet de se rendre compte que ce n'est pas le procédé qui est défectueux, mais que c'est le crâne qui est vicié dans sa conformation. Donc, l'exception ici encore confirme la règle.

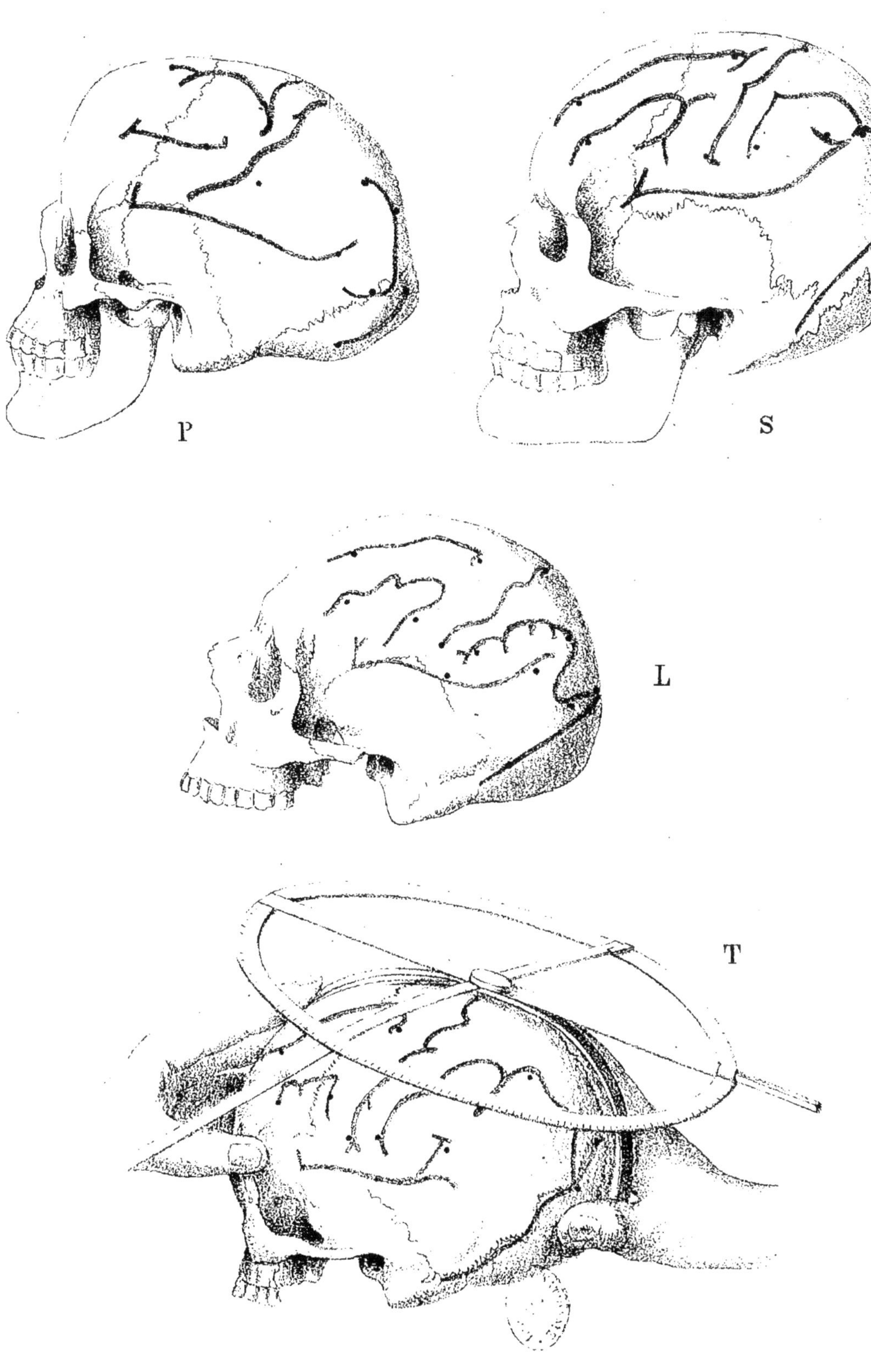
P
S
L
T

Planche II.

Relations du crâne (se guider sur les sutures) et du cerveau (d'après la tête S). — Centres psycho-moteurs et sensoriels de l'écorce (d'après les recherches les plus récentes des physiologistes et anatomo-pathologistes).

1, première circonvolution frontale ; — 2, deuxième frontale ; — 3, troisième frontale ou circonvolution de Broca ; — 4, frontale ascendante ; — 5, pariétale ascendante ; — 6, lobule pariétal supérieur ; — 7, lobule pariétal inférieur ; — 8, première circonvolution occipitale ; — 9, deuxième occipitale ; — 10, troisième occipitale ; — 11, première temporale : — 12, deuxième temporale ; — 13, troisième temporale. — A, centre des mouvements rotatoires de la tête ; — B, centre des mouvements du cou ; — C, centre du mouvement des yeux ; — D, centre de la mémoire motrice verbale (aphasie motrice) ; — E, centre des mouvements du tronc ; — F, centre des mouvements du coude ; — G, centre des doigts ; — H, centre de la face supérieure, et des angles de la bouche ; — I, centre des mouvements des cordes vocales ; — J, centre des mouvements du pharynx ; — K, centre du gros orteil ; — L, centre des mouvements de l'épaule ; — M, centre du poignet ; — N, centre des mouvements de la hanche ; — O, centre du pouce ; — P, centre des mouvements de la face inférieure et de la langue ; — Q, centre du sens musculaire (anesthésie musculaire) ; — R, centre des mouvements de la jambe ; — S, centre de l'élévation de la paupière ; — T, centre de la mémoire des mots écrits (cécité verbale) ; — U, centre de la vision binoculaire (déviation conjuguée des yeux, hémianopsie) ; — V, centre de la vision ; — X, centre de la mémoire des sons verbaux (surdité verbale) ; — Y, Y, plan spino-auriculaire (plan du regard horizontal).

Pl. I

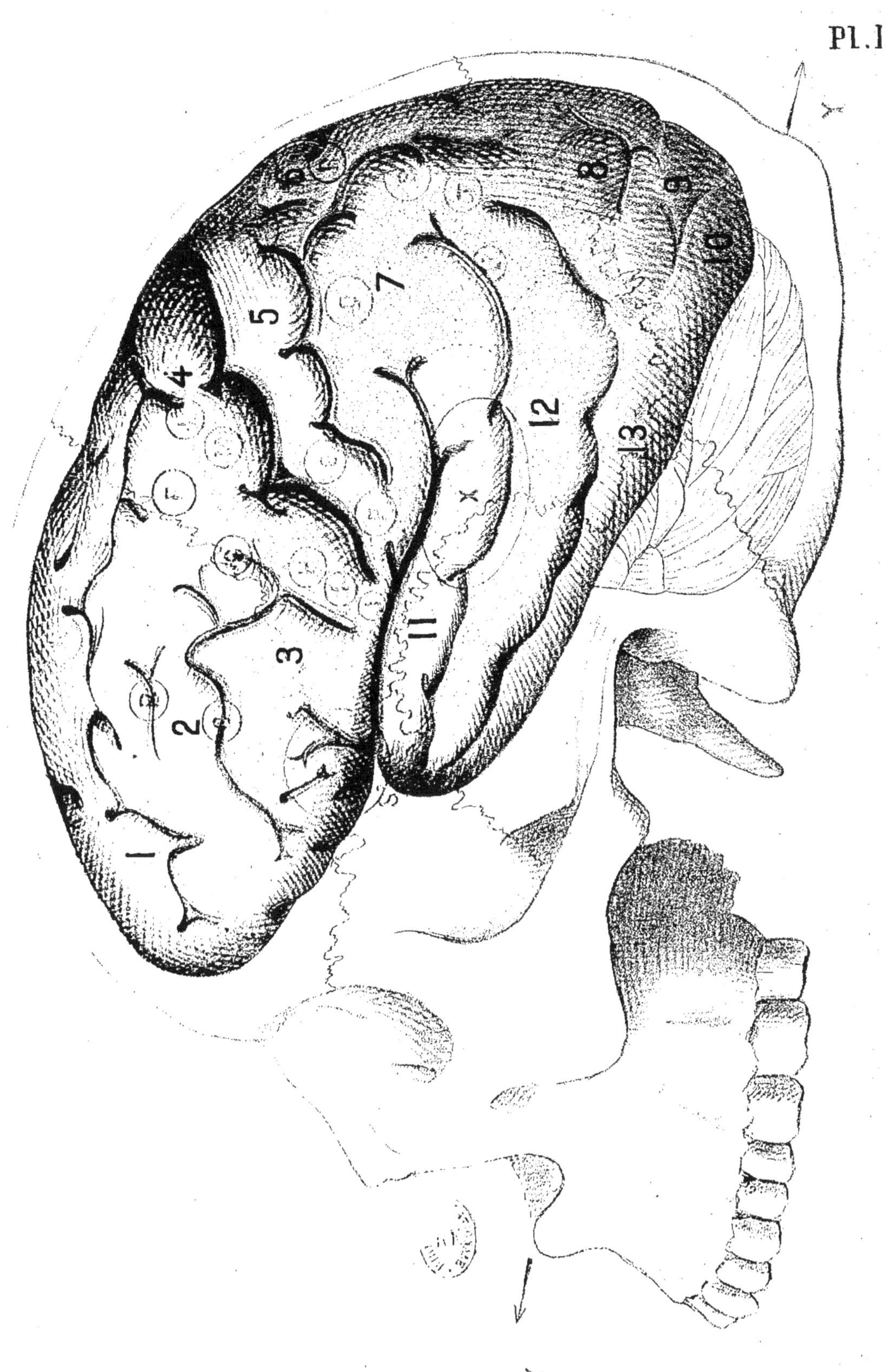

TABLE ALPHABÉTIQUE

Lille Imp. L. Danel.

LILLE, IMPRIMERIE L. DANEL.

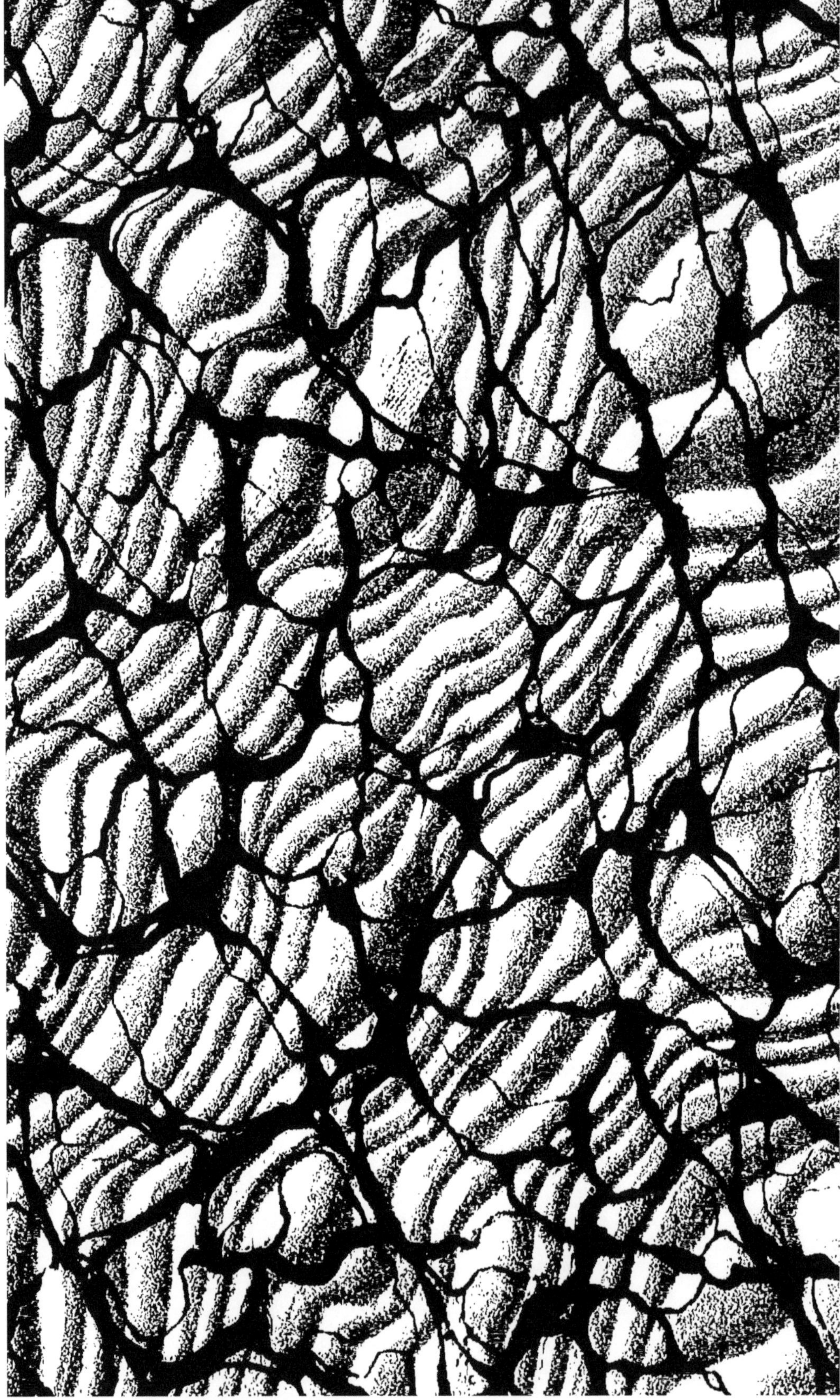

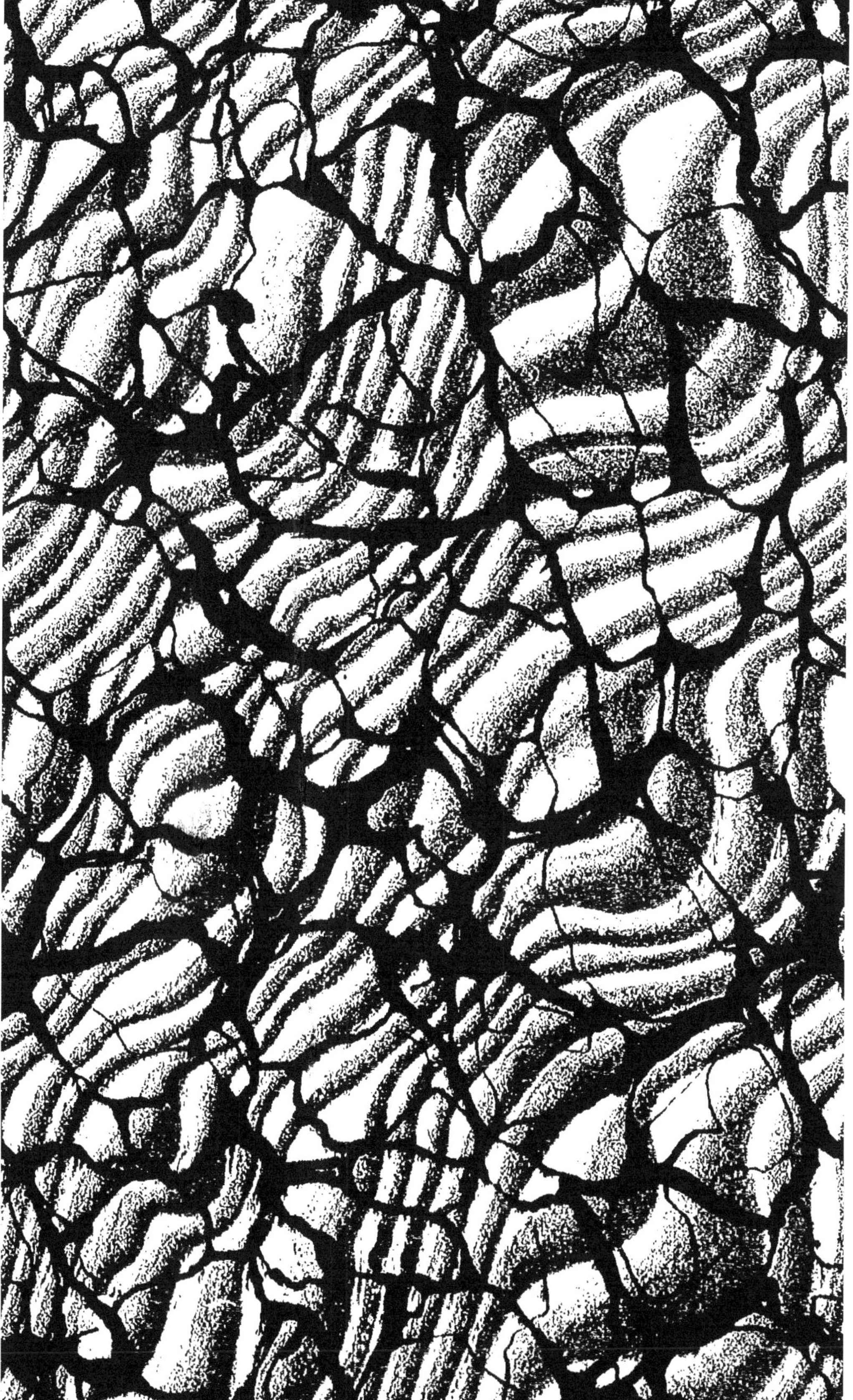

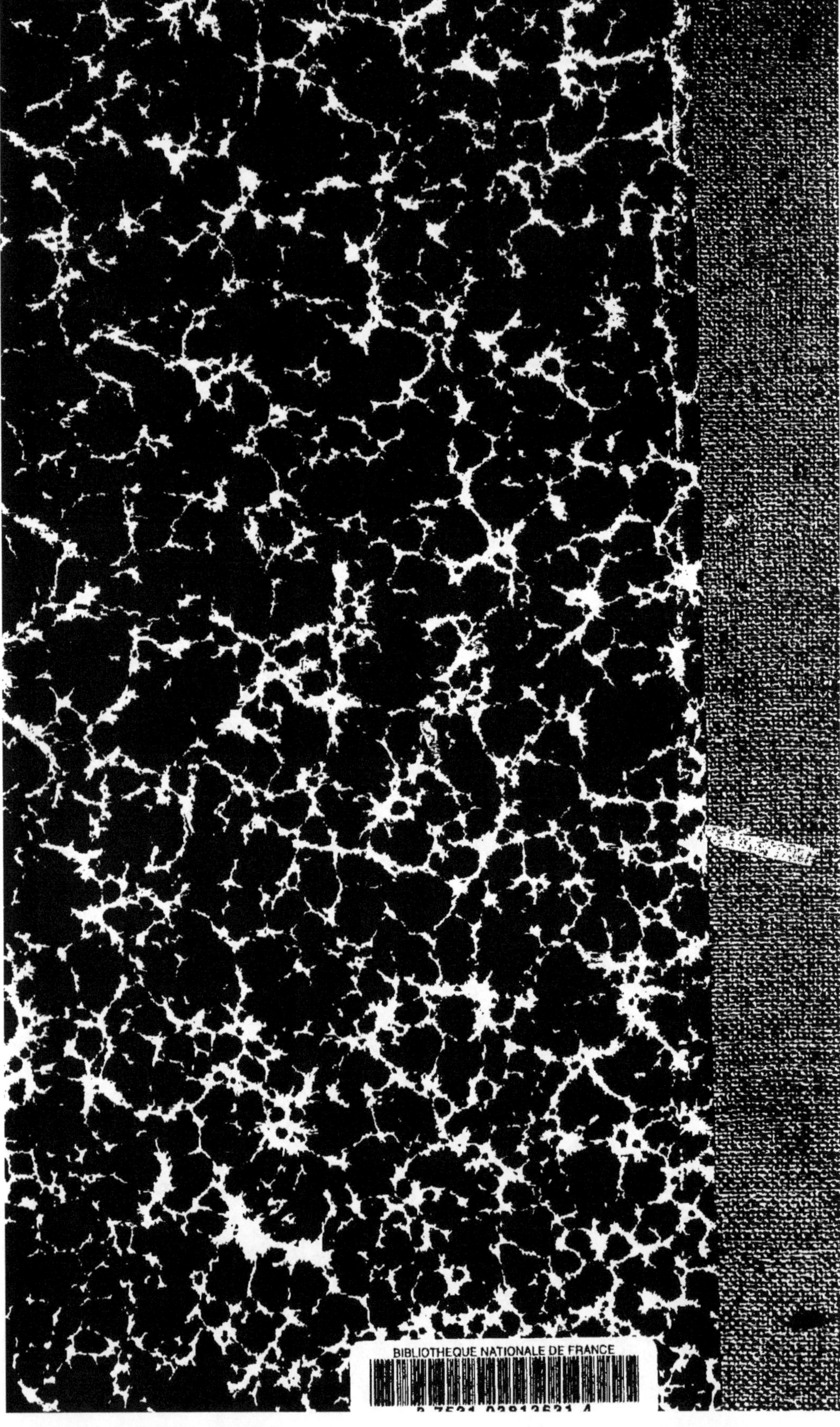

www.ingramcontent.com/pod-product-compliance
Ingram Content Group UK Ltd.
Pitfield, Milton Keynes, MK11 3LW, UK
UKHW020250250726
13967UKWH00004B/1592